659.157 P1114

Hldg 34276

P.O.P. DESIGN
5

07 648

HARRINGTON COLLEGE
OF DESIGN
200 W. MADISON ST.
CHICAGO, ILLINOIS 60606

CREDIT

Client
A&P AGENCY&Production

※本文中のクレジット、ならびに巻末INDEXの会社名に付く（株）・（有）は省略させて頂きました。
※サイズは全てミリメートル単位で表記しています。
※コピーライト表記のある作品については、版権および著作権は表記の通りの法人・個人に帰属します。
※本書に記載された企業名・商品名は、掲載各社の商標または登録商標です。

CONTENTS

006-061

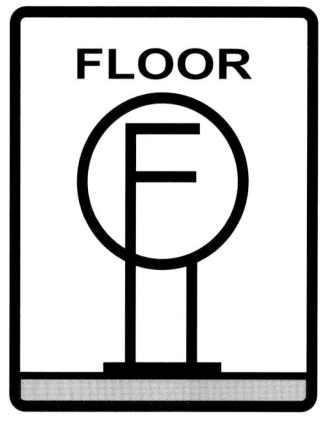

062-125

126-145

146-165

166-181

182-201

P.O.P.DESIGN5
クライアント索引

アップリカ葛西　P86,87,88,89,90,159,192
アディダスジャパン　トレードサービス　P109,110,111
アルパイン　P29,107
アルビオン　P11,76
ECC外語学院　P170
伊藤園　P100,159
江崎グリコ　P160
エスエスケイ　P31,38,154
エレクトロニックアートギャラリー　P137
大塚食品　P101
オンキヨー　P28,168

角川書店　P38,190
カプコン　P49,50,104,105,162
カンペール　P72
桐灰科学　P95
月桂冠　P193
合同酒精　P103
国際ディスプレイ工業　P144,145
コナミ　P48
小林製薬　P21,22,91,148,149,194

佐藤製薬　P94
サナ　P10
サンマルコ　P12,13,16,19
サンリーブ　P14,15,17,18,132,133
シバウラレコード　P56

ジャレコ　P54
ジョイトップ　P57,58,59,130
シルエット　P96
ジレットジャパン　P8,9
新潮社　P36,37,164,165,187,188,189
セイワ　P184,196
ゼブラ　P32,33

大正製薬　P150
宝酒造　P169
ダスキン　ミスタードーナツ事業本部　P102
チュンソフト　P106
TDKマーケティング　P26
デサント　P60,61
東陶機器　P128,129
トリンプ・インターナショナル・ジャパン
P30,77,78,79,80,81,82,83,84,85,156,157,158

ナイガイ　P24
ナムコ　P46
日本サラ・リー　P140,141,142,143
日本ペットフード　P191
ネスレ日本　P138,139

ハドソン　P51,52,53,55,185,186
パッションN.Y.ディヴィジョン　P74,75
パントン　P136
ビーエーエスエフアグロ　P23

ピジョン　P92,93
日立製作所　P68
フェザー安全剃刀　P96,160
フォルクスワーゲングループジャパン　P67,163
富士通パーソナルズ　P108
不二家　P41,42,43,44,45,161
ブライトリング・ジャパン　P20
ブリヂストンサイクル　P134,135
フロムソフトウェア　P47
ペニージャパン
P171,172,173,174,175,176,177,178,179,180,181
P197,198,199,200,201
ぺんてる　P34,196
ボルボ・カーズ・ジャパン　P64,65
本田技研工業　P30,66

松下電器産業　P27
三菱鉛筆　P35,131
ミドリ　P184
明祥印刷
P112,113,114,115,116,117,118,119,120,121,122
P123,124,125
メティウスフーズ　P40
メニコン　P195
森下仁丹　P151,152,153

ヨネックス　P107,155

リーガルコーポレーション　P73
ロッテ商事　P39,97,98,99

WOWOW　P69,70,71
和光堂　P25

P.O.P.DESIGN

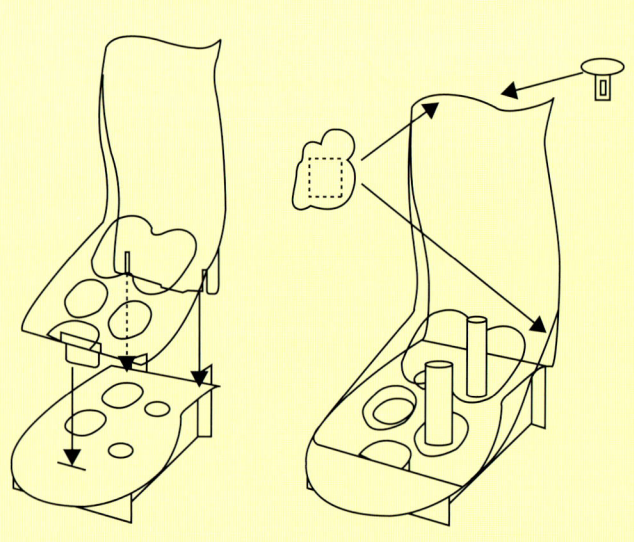

CL：ジレットジャパン
A&P：タナカヤ
インディペントC95S展示台
MATERIAL：塩化ビニール、紙類
W130×H267×D215
ガスドライヤー展示台。各アタッチメントの役割を省スペースで説明

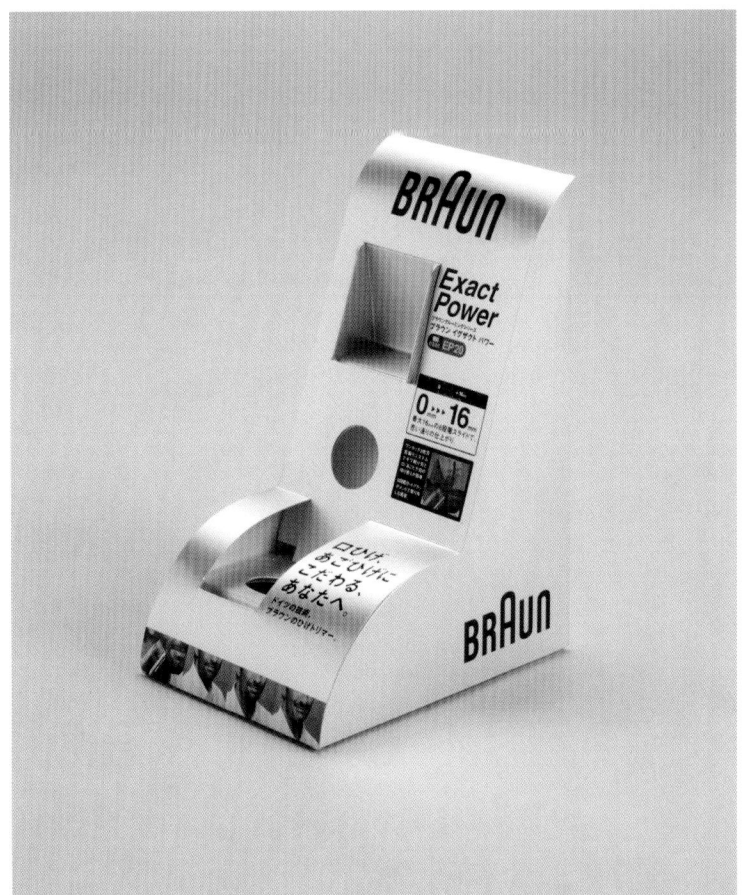

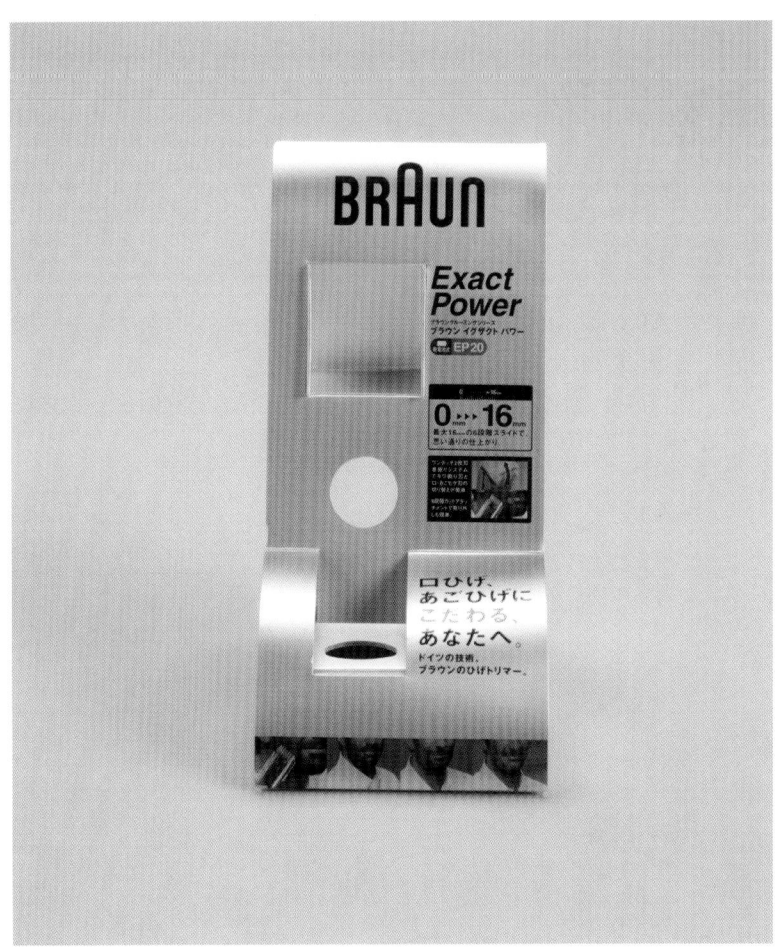

CL:ジレットジャパン
A&P:博報堂
ブラウンイグザクトパワーEP20　1台用展示台
MATERIAL:ポリプロピレン、紙類
W125×H230×D170
ヒゲトリマー用展示台。シンプルでありながら解りやすいよう機能を説明

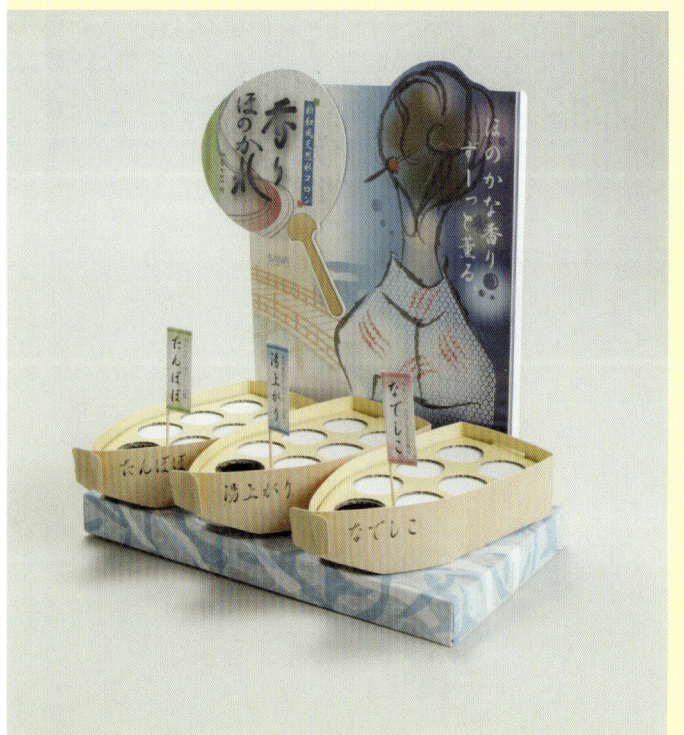

CL：サナ
A&P：大日本印刷
香りほのか水
MATERIAL：紙類
W450×H400×D250

天然水和風コロンを訴求するにあたり、浴衣姿の女性が夕涼みをしている姿と、
納涼舟を商品陳列台に仕立て上げる事で商品の雰囲気をかもし出した

CL：アルビオン
A&P：ステップ・ワン
2003A／W新製品テスティングスタント（群）5点セット
MATERIAL：プラスチック、アクリル、塩化ビニール
W160×H90×D195（左端のリップ、アイカラースタンドの場合）
新製品をアピールすべく、コンパクトながらモジュールを統一してテスティング商品をレイアウトした。
後方の冊子スタンド、コルトンBOXと共に統一感を出している

CL：アルビオン
A&P：ステップ・ワン
アクアミネラルテスティングスタンド
MATERIAL：アクリル、紙類
W210×H230×D160
商品の特性である「水＝アクア」「軽いファンデーション」
をイメージすべく、テスター台に特殊なアクリル板を使い水紋、波形を表した

CL：サンマルコジャパン
JUNKO OUCHI（ディスプレイ）
MATERIAL：アクリル、木材
W480×H35×D220

CL：サンマルコジャパン
JUNKO OUCHI（写真パネル）
MATERIAL：紙類
W310×H439

CL：サンマルコジャパン
JUNKO OUCHI（ブランドプレート）
MATERIAL：アクリル
W131×H65×D24.5

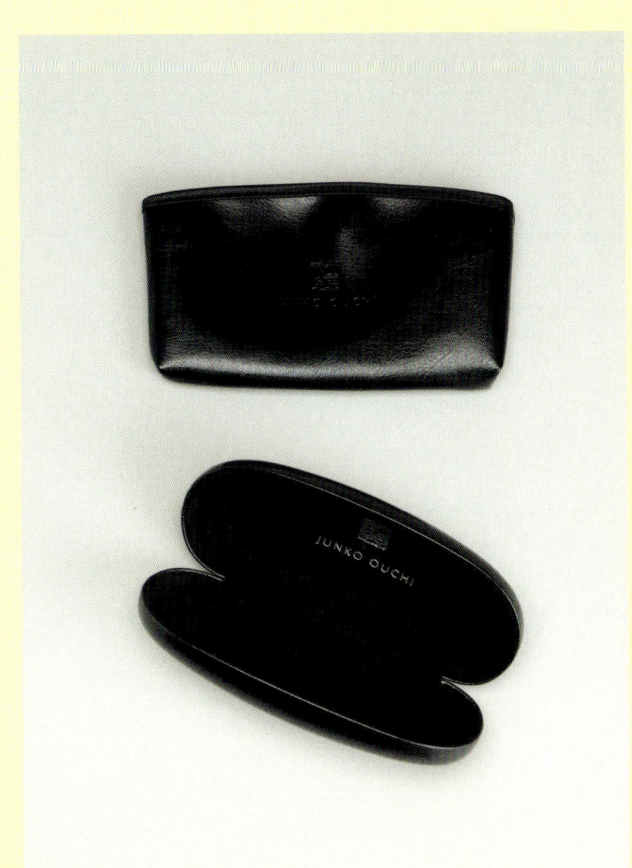

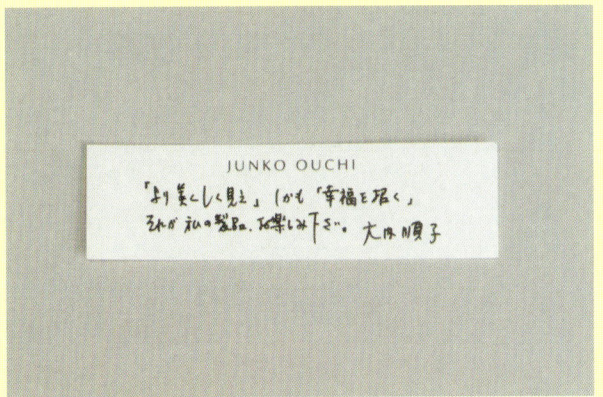

CL：サンマルコジャパン
JUNKO OUCHI（小物一式）
ケース、化粧箱、ショッピングバッグ、しおり、セリート

CL：サンリーブ
CHARLES JOURDAN（ディスプレイ）
MATERIAL：アクリル、木材
W520×H550×D260
コーナー展開用什器、ディスプレイ、眼鏡トレイ、ブランドプレート、ミラーで1セット

CL：サンリーブ
CHARLES JOURDAN（ミラー）
MATERIAL：木材、ガラス材
W240×H300×D170

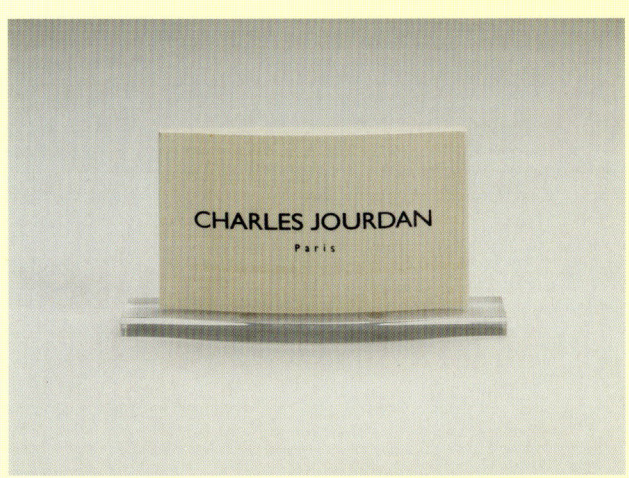

CL：サンリーブ
CHARLES JOURDAN（ブランドプレート）
MATERIAL：アクリル、木材
W150×H80×D40

CL：サンリーブ
CHARLES JOURDAN（眼鏡トレー）
MATERIAL：木材
W450×H5×D450
トレーの赤い部分は生地

CL：サンマルコジャパン
Paul Stuartディスプレイ
MATERIAL：アクリル、木材
W340×H320×D340
背面のイメージパネルは取り外し可

CL：サンマルコジャパン
Paul Stuartネームプレート
MATERIAL：木材
W180×H160×D30

CL：サンマルコジャパン
Paul Stuartフォトスタンド
MATERIAL：アクリル、木材
W250×H340

CL：サンリーブ
LANVIN COLLECTIONタワー
MATERIAL：アクリル、木材
W230×H500×D180
コーナー展開用什器。タワー、トレー、テーブル、ブランドプ
レート他大型トレーで1セット

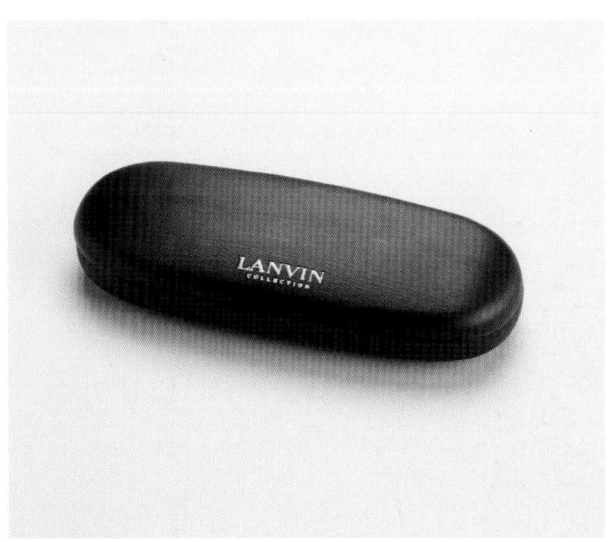

CL：サンリーブ
LANVIN COLLECTIONハードケース
MATERIAL：金属
表、合成皮革、通常のケースはふたを開けた状態での展示は不可。
ケース形状の一部を張りだした事で解消している

CL：サンリーブ
LANVIN COLLECTIONブランドプレート
MATERIAL：金属、木材
W70×H145×D70
他、S、Mタイプの重機（テーブルを含む）で対応できる形状になっている

CL：サンリーブ
COUP DE CAHNCE（ディスプレイ）
MATERIAL：アクリル、木材、紙類
W360×H210×D210
組み立て式。背面のイメージは取り替え可

CL：サンマルコジャパン
INDIVIディスプレイ
MATERIAL：木材
W360×H210×D210

CL：サンマルコジャパン
INDIVIブランドプレート
MATERIAL：アクリル
W100×H50×D22

CL：サンマルコジャパン
INDIVIハードケース
MATERIAL：金属
W165×H60×D62
表：合成皮革

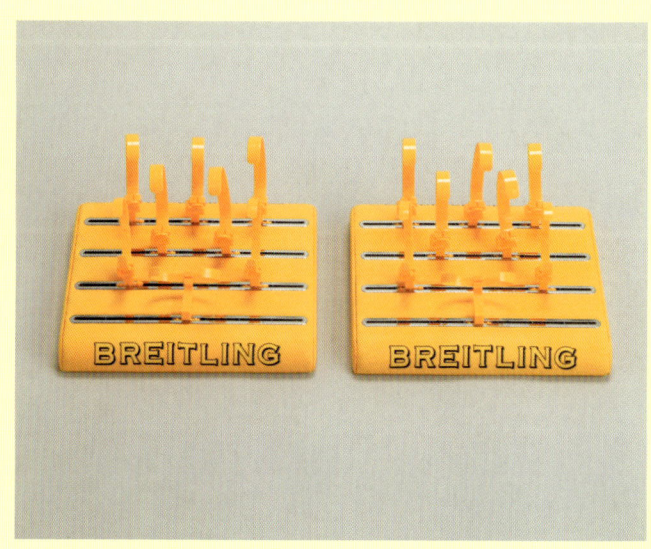

CL：ブライトリング・ジャパン
インカウンターディスプレイ03
MATERIAL：プラスチック
W462×H170×D360

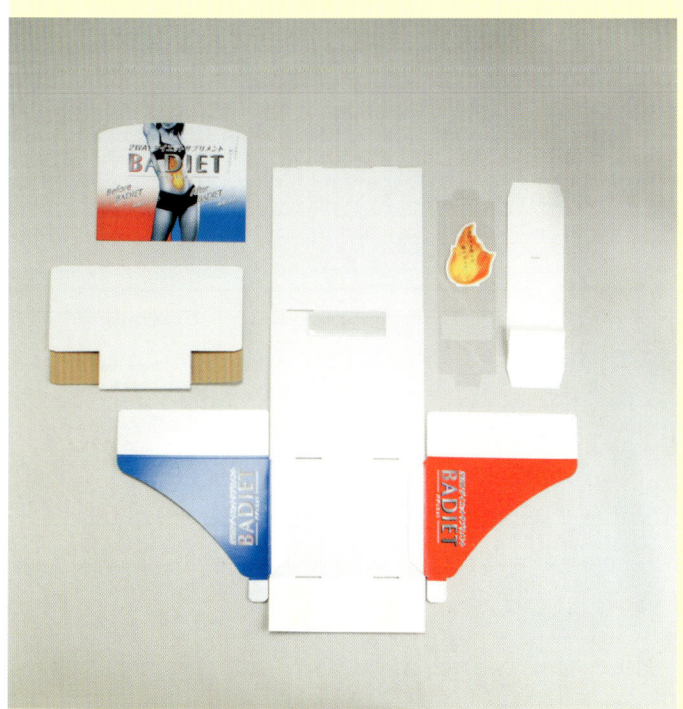
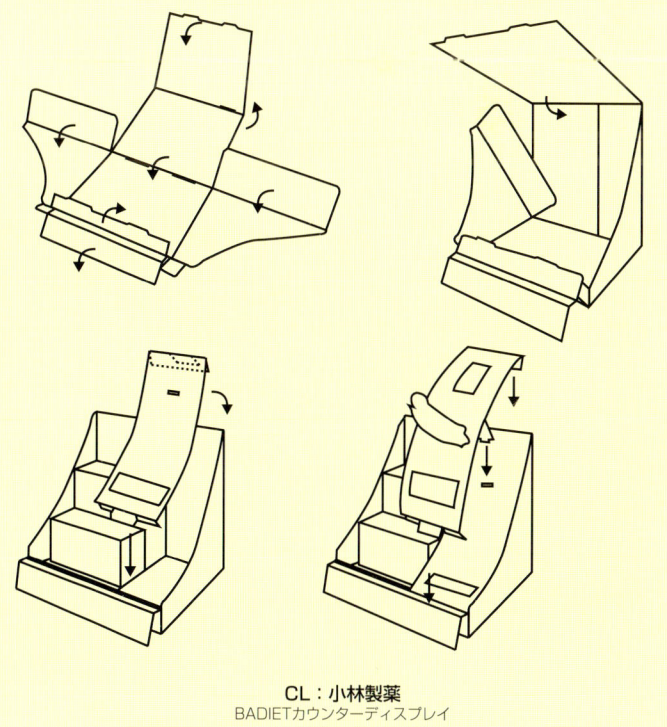

CL：小林製薬
BADIETカウンターディスプレイ
MATERIAL：ペット、紙類
W300×H500×D300

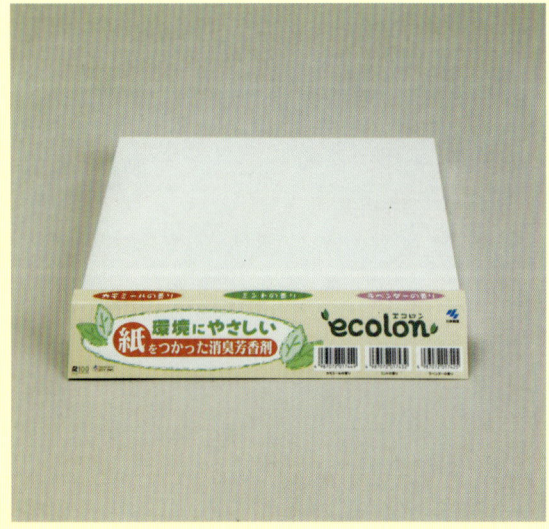

CL：小林製薬
エコロンカウンターディスプレイ
MATERIAL：紙類
W284×H55×D290

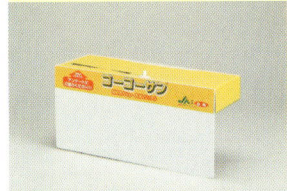

CL：ビーエーエスエフ　アグロ
A&P：ドゥ・プランニングデパート
ゴーゴーサン
MATERIAL：スチレンボード・発泡スチロール、紙類
W520×H450×D190
下部にホワイトボードをもうけ、常に新しい情報を発進する

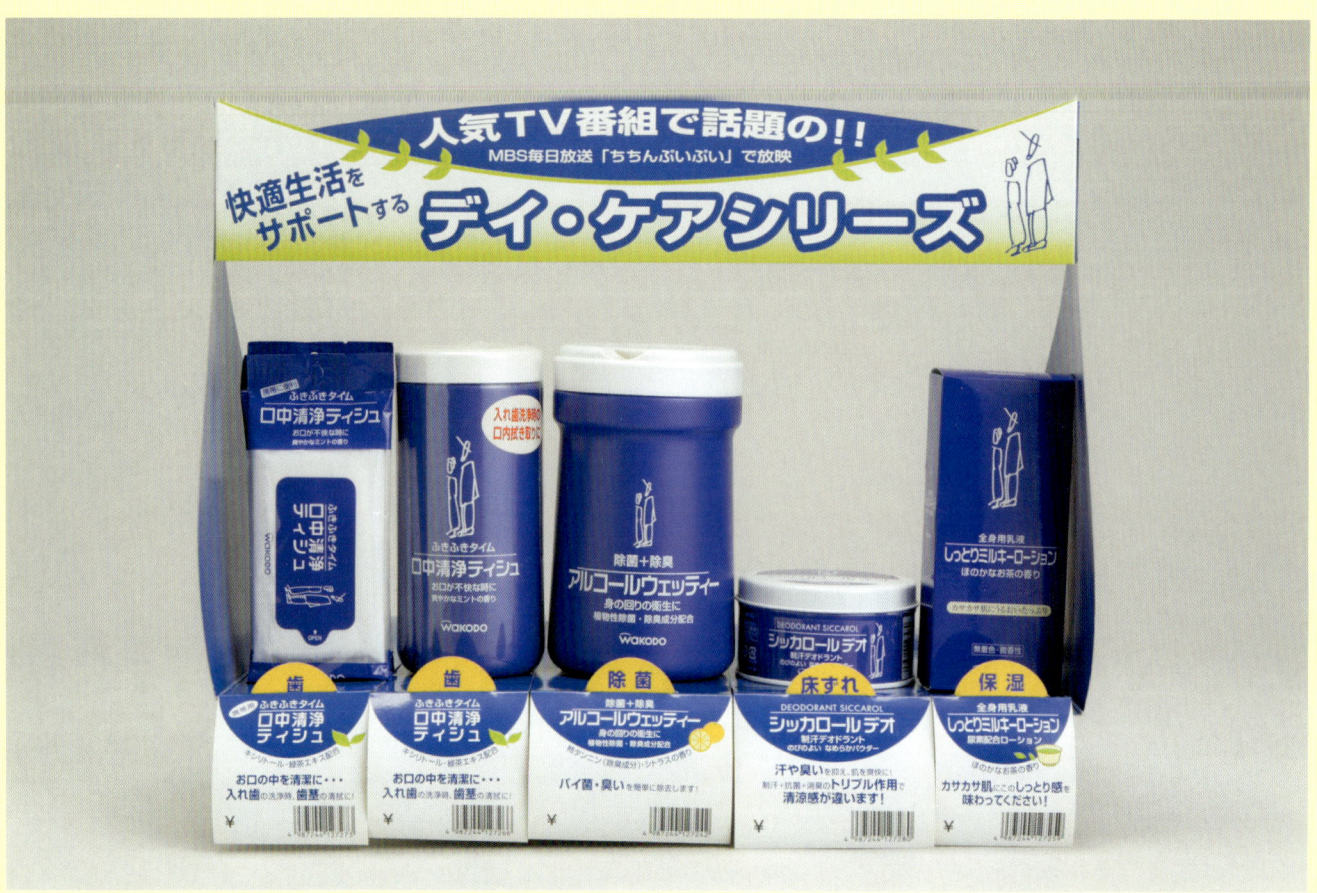

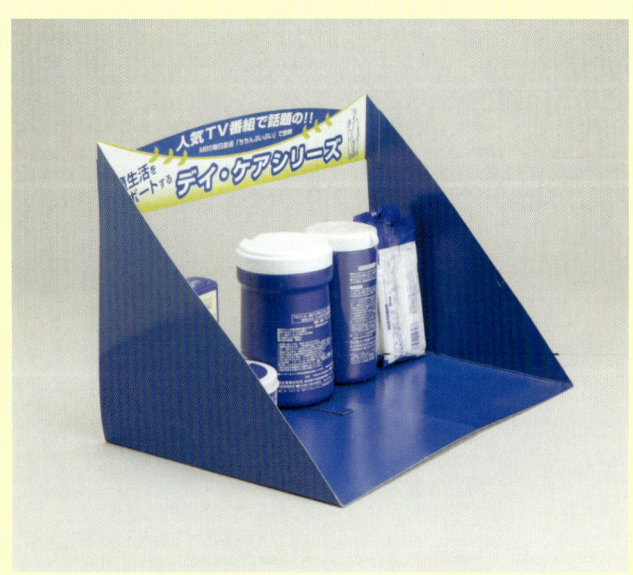
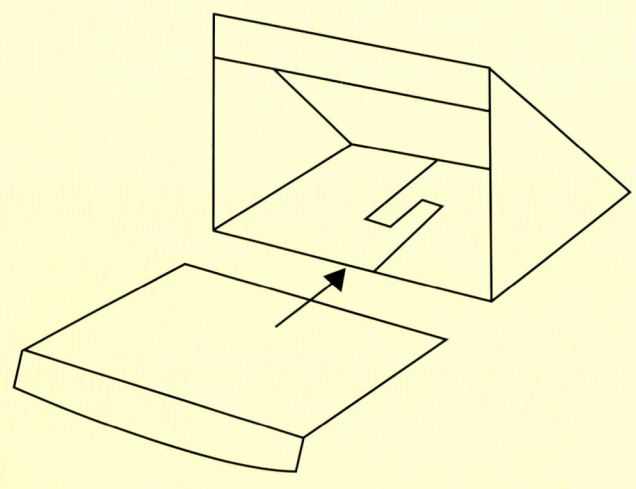

CL：和光堂
A&P：ドゥ・プランニングデパート
デイ・ケアシリーズ
MATERIAL：紙類
W450×H300×D300

量販店等の定番カウンターに合うプッシュイントレイ。ファミリーを1フェーズで見せることができる。また、単品でも対応できる

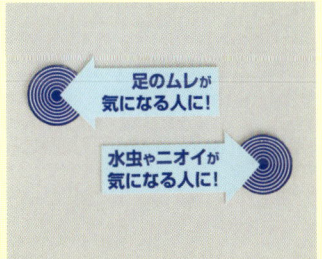

CL：ナイガイ
A&P：ドゥ・プランニングデパート
コンセプト（靴下）
MATERIAL：スチレンボード、金属（鉄）
W300×H600×D300
透明な靴のおかげで中身の靴下の効果がリアルに訴求できる

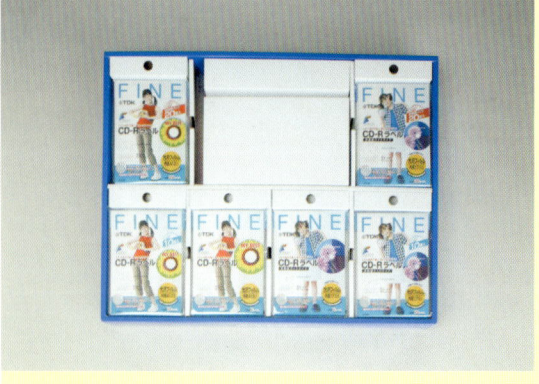
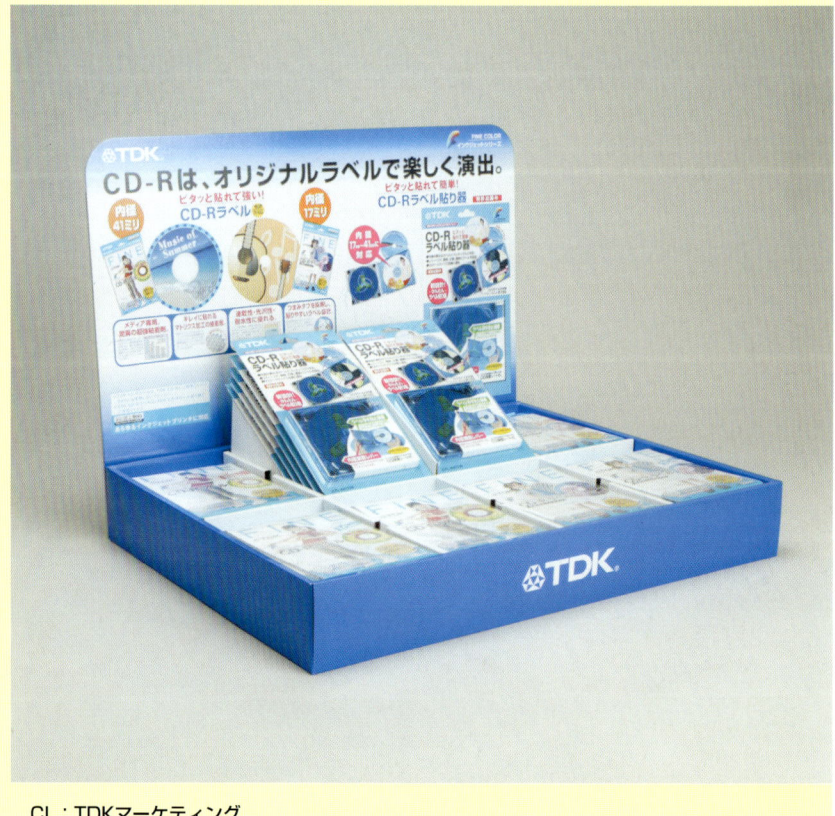

CL：TDKマーケティング
A&P：TDKデザイン
CD-Rラベル／貼り器同梱ディスプレイ
MATERIAL：紙類
W710×H527×D548

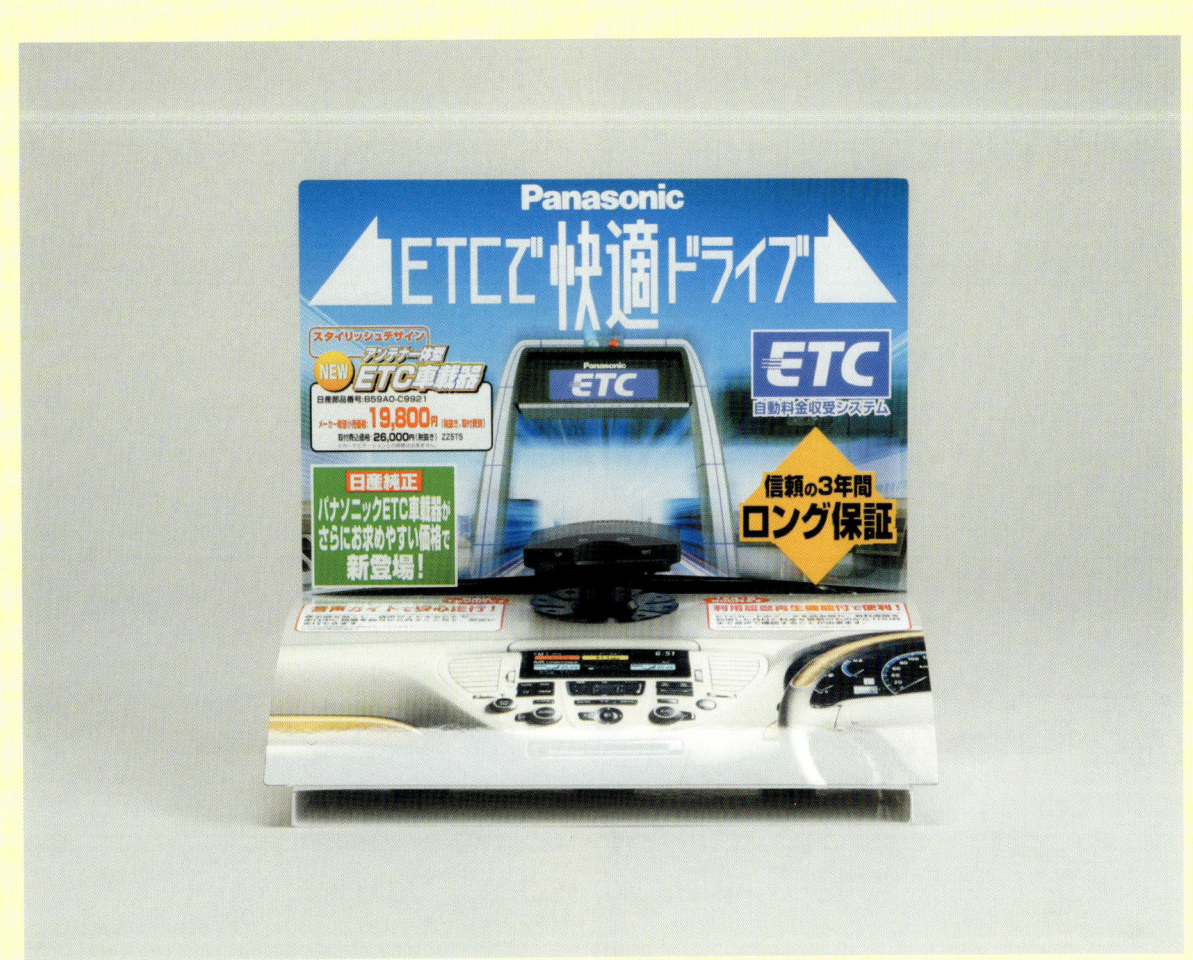

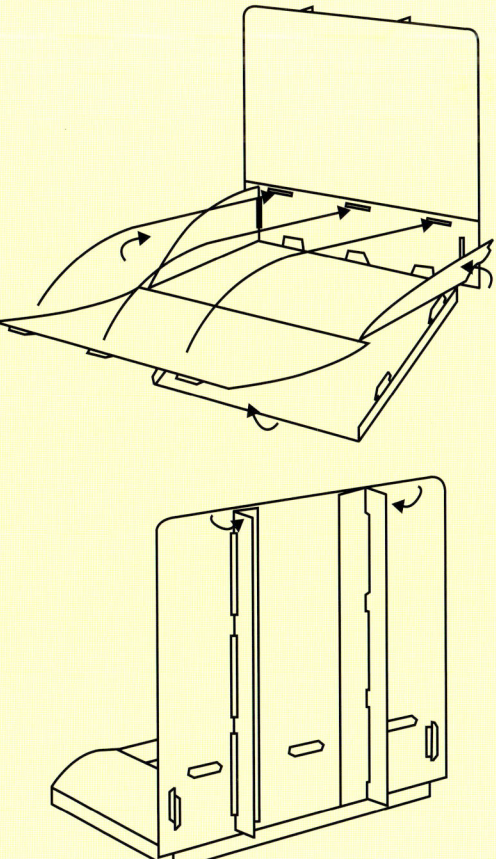

CL：松下電器産業
A&P：サンアイタスク
日産純正ETC展示台
MATERIAL：紙類
W330×H310×D220
実際に商品を使用したときの車内のイメージを再現し、訴求を図る

CL：オンキヨー
A&P：美工
Liverpool Mini POP Rack
MATERIAL：アクリル、金属、木材
W660×H100×D350
センター面にガラスエッジアクリルを重ねて視覚的な美しさを出したミニシステム用展示ラック

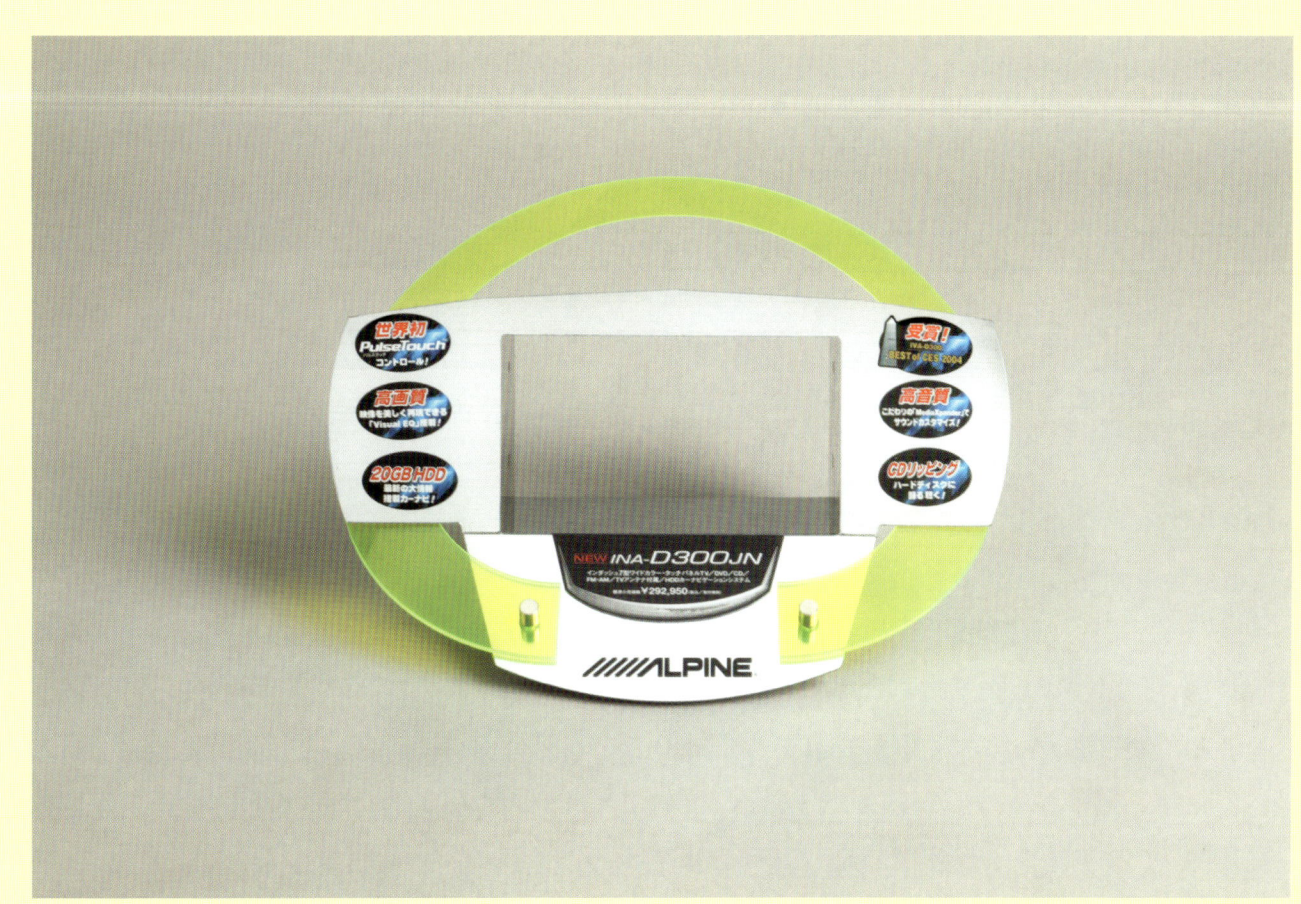
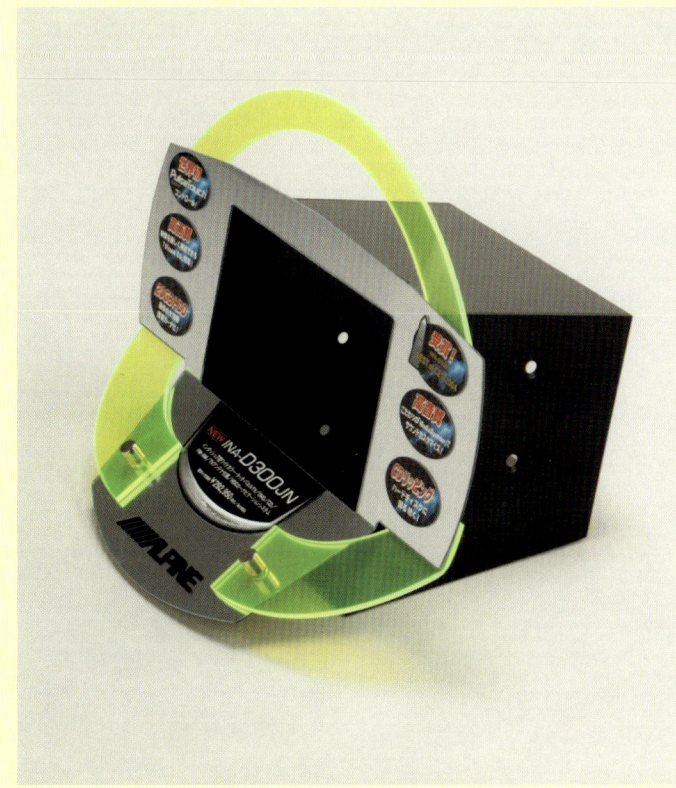

CL：アルパインマーケティング
A&P：コモンズ
AV＋体感什器タイプⅡ
MATERIAL：アクリル、塩化ビニール
W360×H300×D250

CL：トリンプ・インターナショナル・ジャパン
A&P：博報堂
03　s/s　恋するブラ　カウンターカード
MATERIAL：紙類

CL：本田技研工業
A&P：電通、レマン
マグネット付き卓上POP
MATERIAL：プラスチック、金属、紙類
W125×H190×D40
商談テーブルやカウンターにおいて、
キャンペーンをPRする。訴求面がく
るくる回転し注目を集める

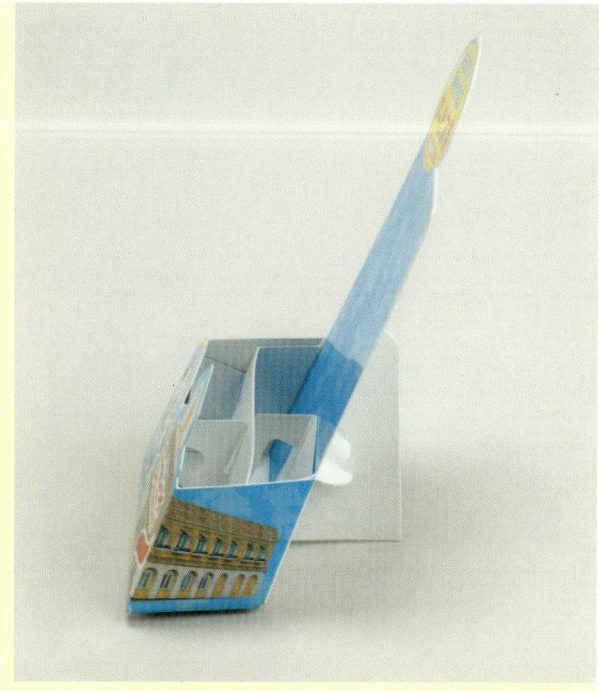

CL：エスエスケイ
A&P：ボンビ
レディースインナーディスプレイ用什器
MATERIAL：紙類
W400×H720×D305
場所をとらずに商品特性をアピールできるコンパクト什器

CL：ゼブラ
サラサクリップ
MATERIAL：アクリル
W278×H480×D215
商品の特長である「可動式クリップ」の動きをレンチキラーを使って表現している

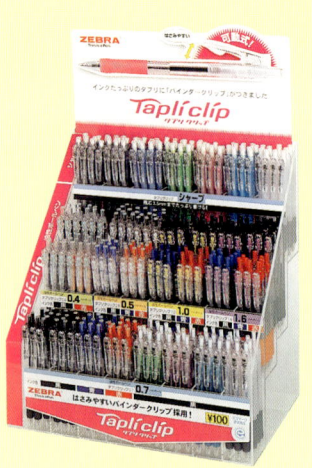

CL：ゼブラ
タプリクリップ
MATERIAL：アクリル
W330×H498×D213
商品の特長である「可動式クリップ」とイメージカラーのピンクを大きく表現

CL：ゼブラ
マーブルスイーツ
MATERIAL：紙類
W184×H255×D184
流行のスイーツの香りがするインクのジェルボールペン。
女子学生をターゲットに、甘くカラフルなイメージを表現

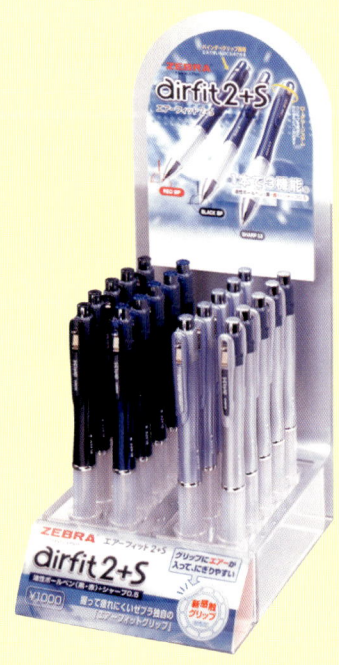

CL：ゼブラ
エアーフィット2＋S
MATERIAL：塩化ビニール
W129×H310×D186
グリップにエアーが入ってにぎりやすい新感触のペン。
透明感と青色で、エアー入グリップを強調している

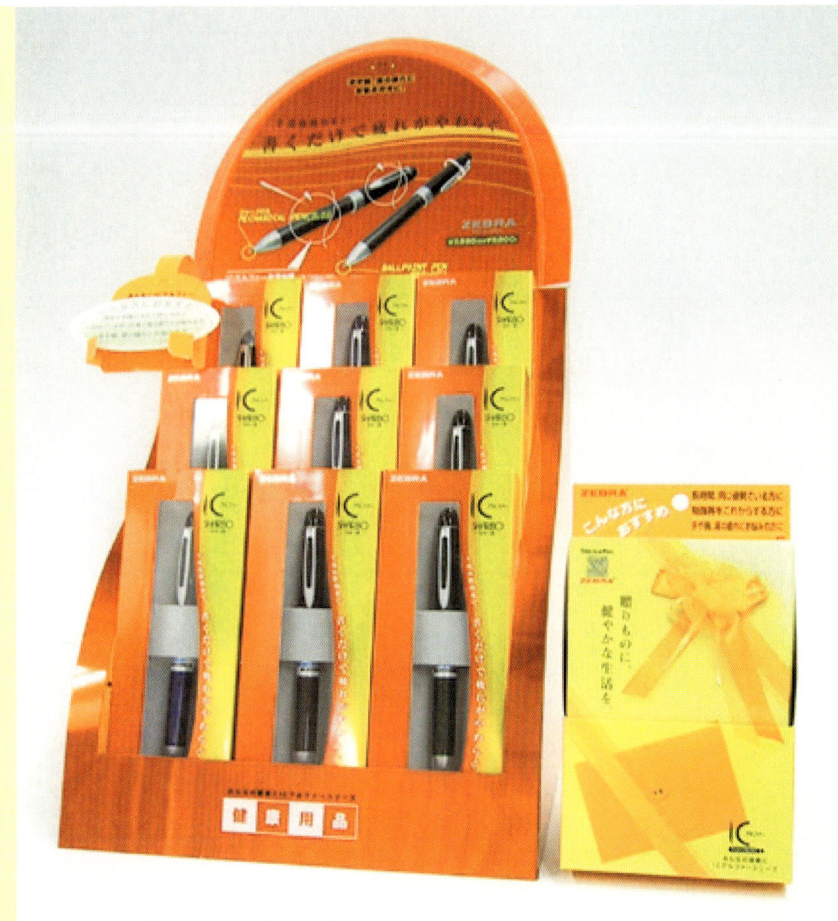

CL：ゼブラ
ICアルファーシャーボ
MATERIAL：塩化ビニール
書くだけで疲れがやわらぐ機能をオレンジ色のグラデーションで表現。1本でボールペンとシャープの2機能を看板部で表現

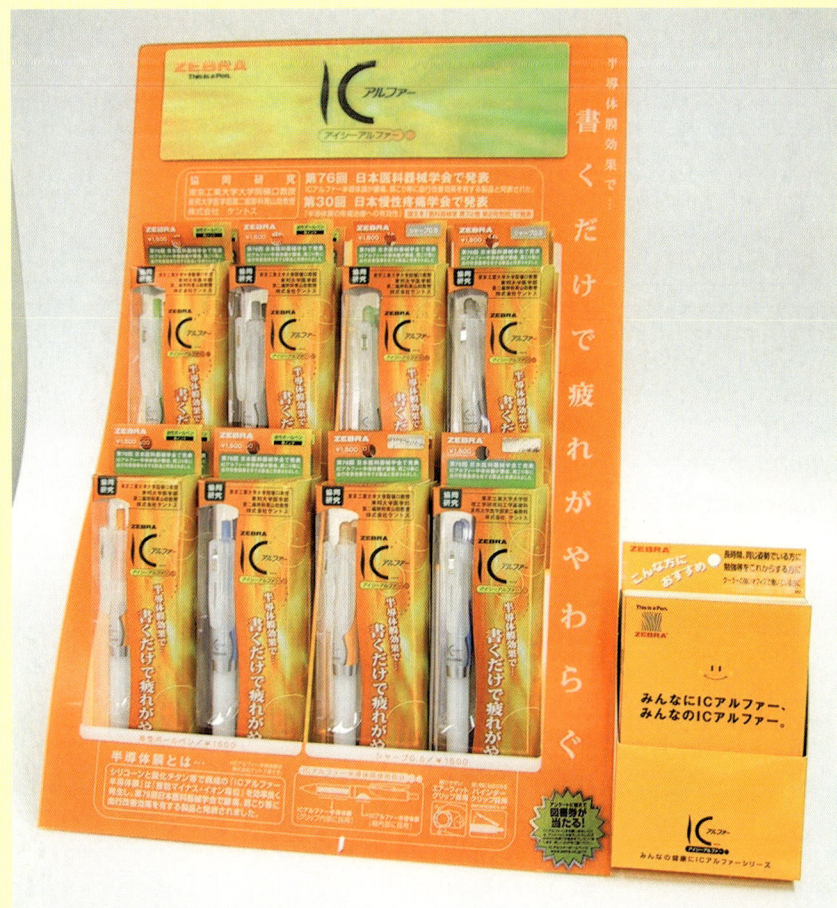

CL：ゼブラ
ICアルファーボールペン
MATERIAL：アクリル
W324×H418×D217
書くだけで疲れがやわらぐボールペン。その機能をオレンジ色とレンチキラーを使ってあたたかさを表現している

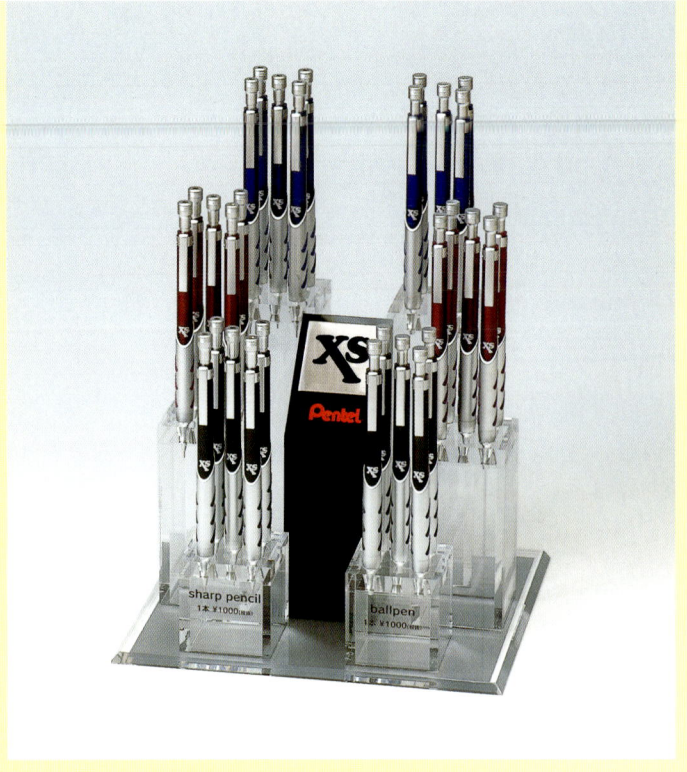

CL：ぺんてる
A&P：菅屋
XSシャープ＆ボールペン
MATERIAL：アクリル、金属
W180×H95×D180
アクリルの透明感を生かし、シンプルで高級感のあるディスプレイでペンスタンドの部分は特殊なドリルで穴を工夫した

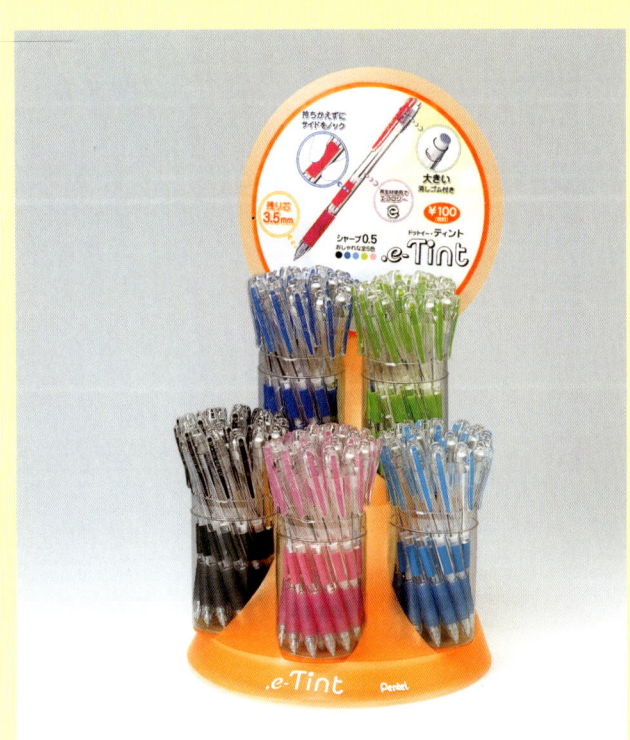

CL：ぺんてる
A&P：菅屋
.e-Tintドットイー・ティント
MATERIAL：プラスチック、ポリプロピレン
W210×H380×D210
オレンジのフロスト状に見える三角錐に商品をカラーごとに見せ、コンパクトにし可愛らしさを演出

CL：ぺんてる
A&P：菅屋
エルゴノミックス「杉の香り入り」「ひのきの香り入り」
W223×H295×D225
商品の特徴である「木の香り」を直感的に訴える為、森林のビジュアルと木の台座を用い、ユニークなパッケージを生かした陳列方法とした

CL：三菱鉛筆
A&P：アイポイント
アルファゲル立体ディスプレイ
MATERIAL：アクリル、紙類
W300×H300×D300
地上18メートルから落とした卵を割ることなくピタリと静止させてしまう衝撃吸収ゲルをグリップに採用したuniアルファゲルのグリップ素材を実際に体感できる

CL：三菱鉛筆
A&P：アイポイント
ピュアモルト立体ディスプレイ
MATERIAL：アクリル、紙類
W300×H300×D300
限られたスペースの中でピュアモルトに使用されている樽材が生まれ育った森林の世界を表現

CL：新潮社
A&P：大貫デザイン
新潮文庫「Yonda？CLUB」キャラクター人形
MATERIAL：塩化ビニール、紙類
©Shinchosha Publishing CO./Onuki DESIGN,2003 All Rights Reserved

CL：新潮社
A&P：大貫デザイン
新潮文庫「Yonda？CLUB」応募用紙BOX
MATERIAL：紙類
©Shinchosha Publishing CO./Onuki DESIGN,2003 All Rights Reserved

CL：角川書店
週刊ザテレビジョン
MATERIAL：紙類
W210×H240×D285
©ARANZI ARONZO

CL：エスエスケイ
A&P：サンコー
スパイク用シュートレイ
MATERIAL：プラスチック、紙類
W270×H60×D90
シューズトレイに引っ掛けて使用する台型POP
木材の色目と芝生のインパクトで商品アピール

CL：エスエスケイ
A&P：サンコー
スパイク用シュートレイ
MATERIAL：金属、紙類
W270×H65×D100（組立て時）
新金具を採用したスパイクであることを台紙に直接本物の金具を貼り付けることで
ストレートに表現。アイキャッチ効果を狙う

CL:ロッテ商事
A&P:凸版印刷
2003年秋季大陳コンクール販促資材キット
MATERIAL:紙類

CL：メティウスフーズ
A&P：インターシティ
開店案内
MATERIAL：紙類
開くとピザが飛び出るリーフレット

CL:不二家
A&P:インターシティ
写真ホルダー
MATERIAL:紙類
写真を差し込んだホルダー

CL：不二家
A&P：インターシティ
メロディペコ
MATERIAL：紙類
商品を取り付けてディスプレイ
使用時の状況を確認可

CL：不二家
A&P：インターシティ
ろうそく箱
MATERIAL：紙
化粧箱がPOPに変身

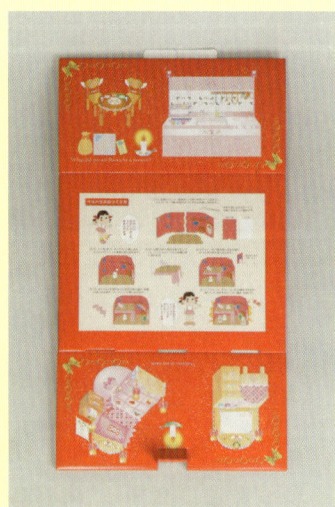

CL：不二家
A&P：インターシティ
クリスマスBOX
MATERIAL：紙類
印刷時の廃材を利用した経済的な商品立体的な家型

CL：不二家
A&P：インターシティ
デザートアイス
MATERIAL：紙類
商品をゲートで覆ったタイプ

 46

CL：ナムコ
ヴィーナスアンドブレイブス
MATERIAL：プラスチック
W185×H270×D90
© （株）ナムコ

CL：フロムソフトウェア
A&P：ソニー・ミュージック・コミュニケーションズ
アーマードコア3
MATERIAL：紙類
ダミーソフト上部に差し込む
©1997-2002 FromSoftware,inc. All rights reserved

CL：コナミ
A&P：ソニー・ミュージック・コミュニケーションズ
ANUBIS
MATERIAL：紙類
差し替え可能な告知用カード付き
ソフトを数枚置けるバックストック付き
©2001 2003 Konami Computer Entertainment Japan

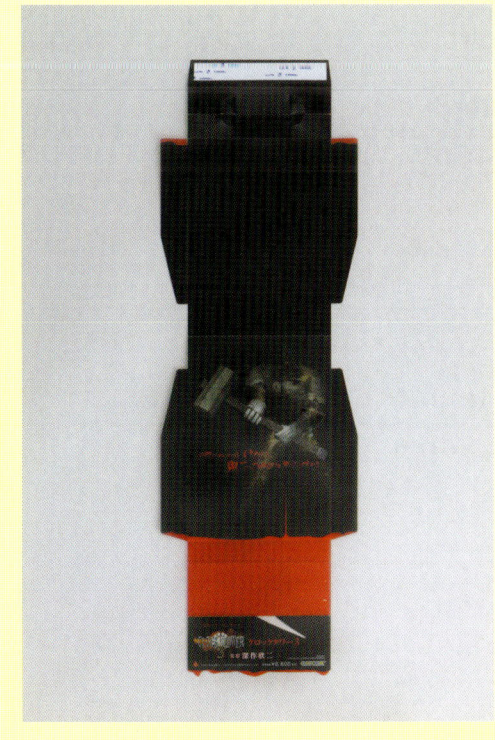
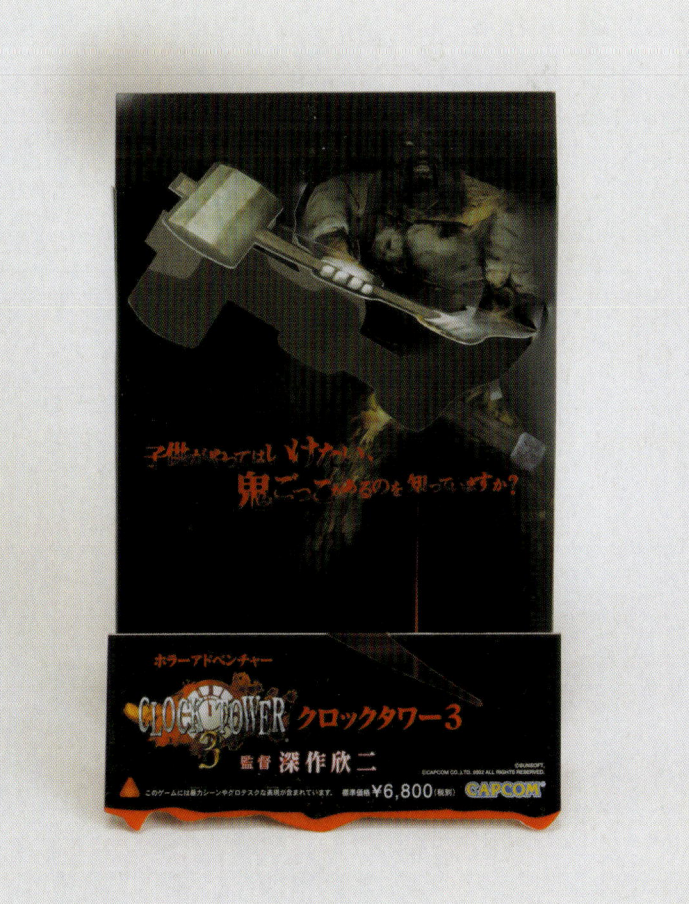

CL：カプコン
A&P：ソニー・ミュージック・コミュニケーションズ
クロックタワー3
MATERIAL：ペット
ソフトを取ると腕が立ち上がるスタンド型
©SUNSOFT
©CAPCOM CO.,LTD.2003 ALL RIGHTS RESERVESD.

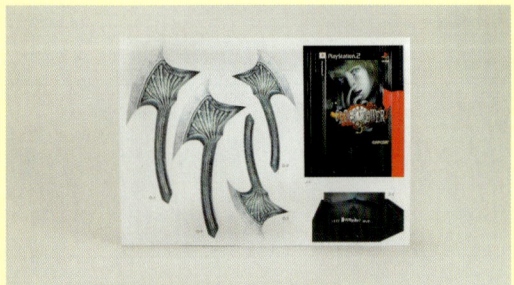

CL：カプコン
A&P：ソニー・ミュージック・コミュニケーションズ
クロックタワー3
MATERIAL：紙類
複雑な立体構造。ハンマーは六角柱
©SUNSOFT
©CAPCOM CO.,LTD.2003 ALL RIGHTS RESERVESD.

CL：ハドソン
A&P：インターシティ
ボンバーマンジェネレーション
MATERIAL：紙類
©2002 HUDSON SOFT

CL：ハドソン
A&P：インターシティ
ボンバーマンジェネレーション
MATERIAL：紙類
ダミーソフトも表現した置き型
©2002 HUDSON SOFT

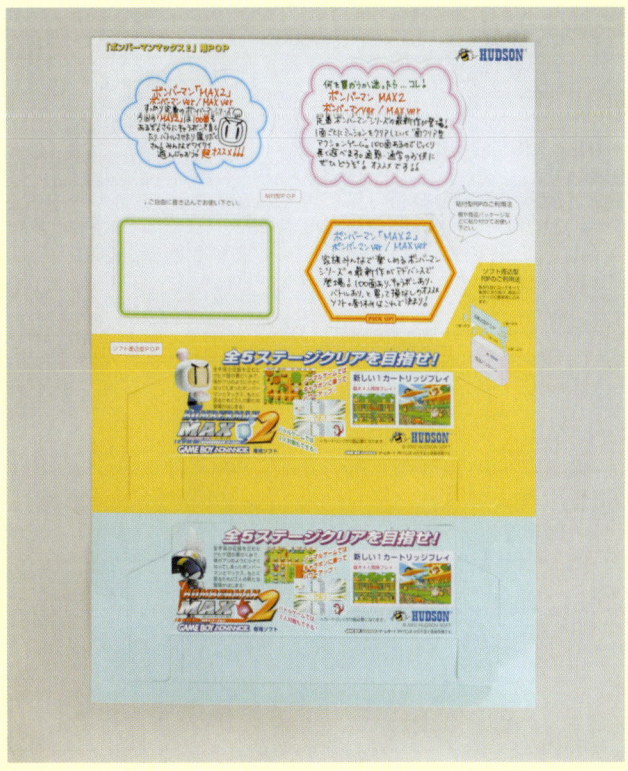

CL：ハドソン
A&P：インターシティ
ボンバーマンマックス2
MATERIAL：紙
ダミーソフトに差し込む簡単なPOP
手書きPOP付き
©2002 HUDSON SOFT

54

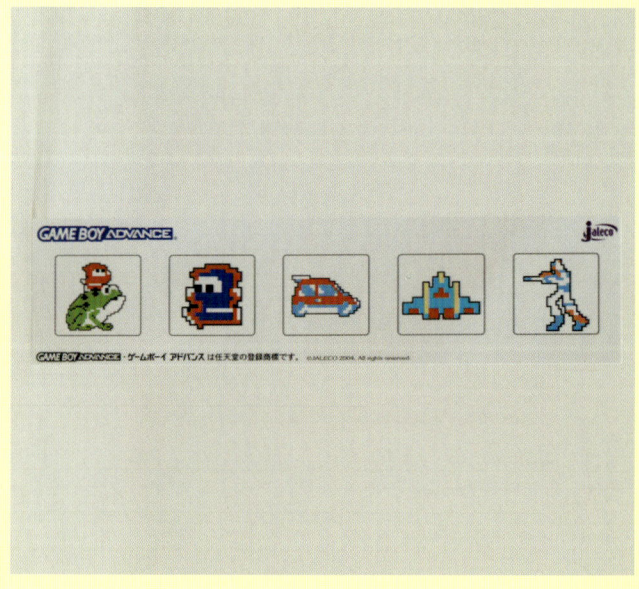

CL：ジャレコ
A&P：ビーエスインターテイメント
じゃじゃ丸Jr. 伝承記
MATERIAL：紙類
簡単で立体的、棚帯付き3点シートセット
©JALECO 2004.All rights reserved.

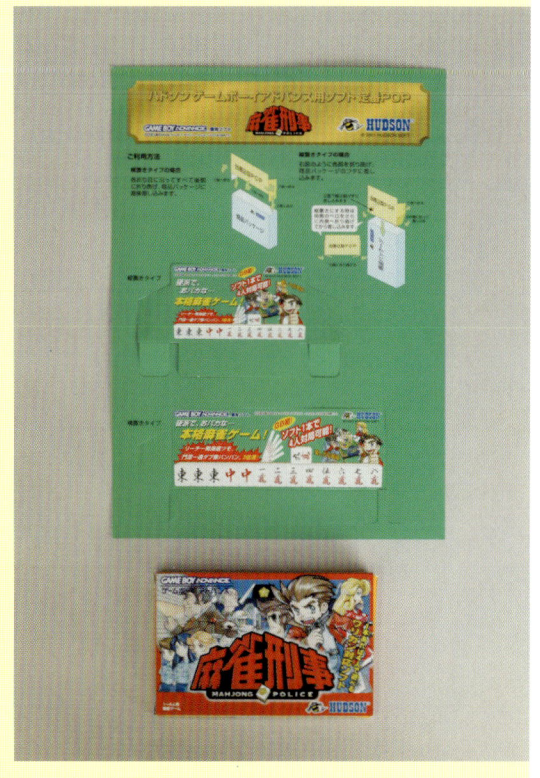

CL：ハドソン
A&P：インターシティ
麻雀刑事
MATERIAL：紙類
ダミーソフトに差し込む簡単なPOP
©2002 HUDSON SOFT

CL：シバウラレコード
A&P：インターシティ
ディスコグラフィ
MATERIAL：紙類
意匠登録出願済
リーフレットが三角POPに変身

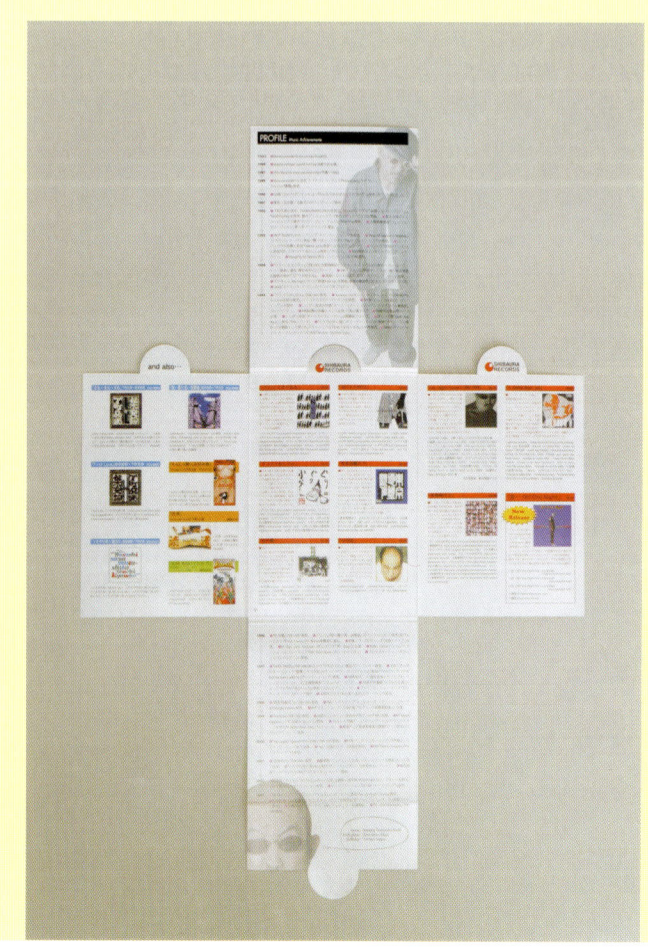

CL：ジョイトップ
A&P：無限デザインスタジオ
動くPOP
MATERIAL：アクリル、金属
W205×H230×D40

CL：ジョイトップ
A&P：無限デザインスタジオ
動くPOP
MATERIAL：アクリル、金属
W205×H230×D40

CL：ジョイトップ
A&P：無限デザインスタジオ
動くPOP
MATERIAL：アクリル、金属
W205×H230×D40

CL：デサント
A&P：大伸社
A4差し替えシートスタンド
MATERIAL：アクリル、オーロラフィルム
W250×H350×D80

アリーナはデサントのウォータースポーツのブランド。水のイージに合うよう、素材は透明と水色の2色のアクリルで構成。ポイントになる部分にオーロラフィルムのブランドロゴを貼り付けている。様々な業態の店舗で使いやすいよう、極力シンプルな造形とした

CL：デサント
A&P：大伸社
A4マガジンスタンド
MATERIAL：アクリル、オーロラフィルム
W250×H350×D80

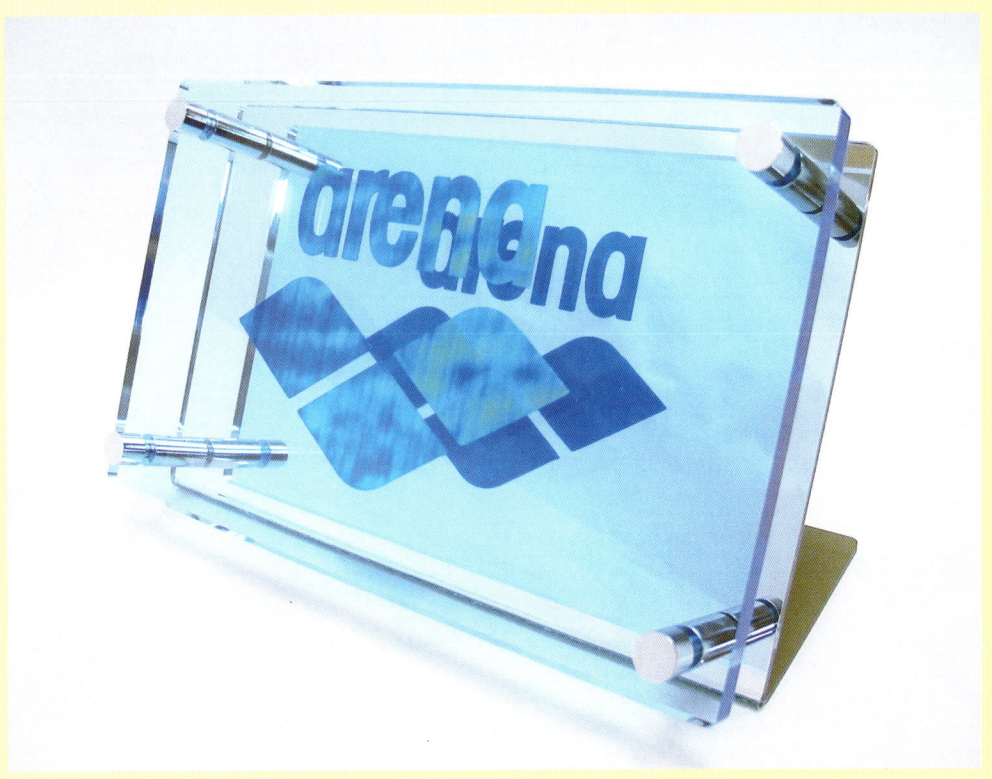

CL：デサント
A&P：大伸社
ロゴスタンド
MATERIAL：アクリル、オーロラフィルム
W250×H150×D100

P.O.P.DESIGN

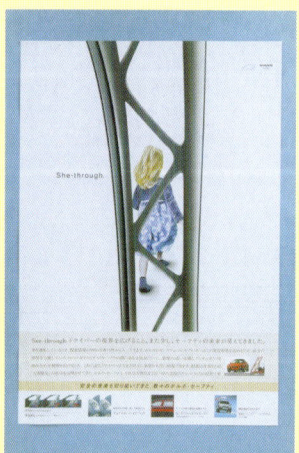

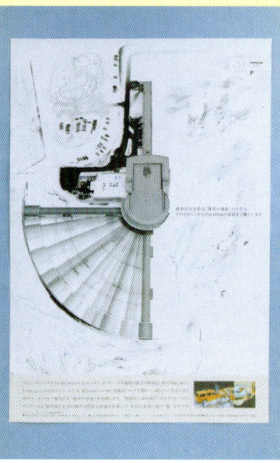
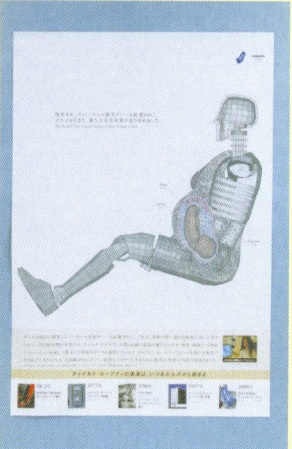

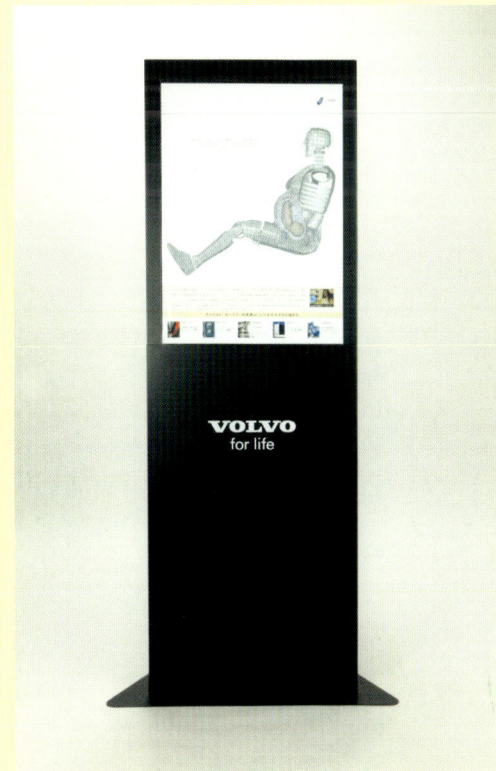

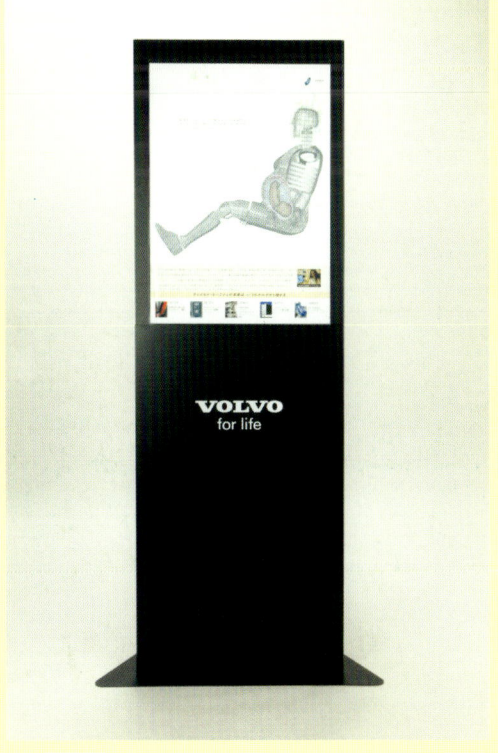

CL：ボルボ・カーズ・ジャパン
A&P：電通ヤング・アンド・ルビカム
店頭用ポスター差込式大型三角POP
MATERIAL：塩化ビニール
W70×H1800×D70
大型の店頭用三角柱POP。ポスター部分は差し替えが可能となっており、
長期に渡って使用ができるPOP

CL：本田技研工業
A&P：電通、レマン
フロアPOP
MATERIAL：スチレンボード・発泡スチロール、紙類
W300×H1500×D300（組立て例の一つ）
ジョイント・パネルの使い方によってアレンジが可能。一般ゴミとして廃棄可能な環境仕様となっている

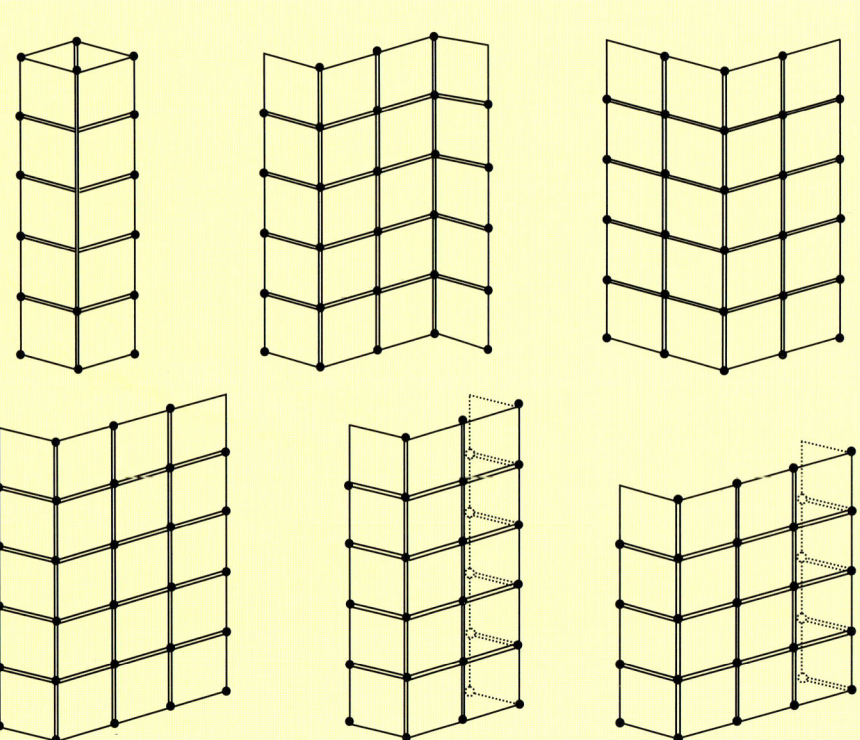

CL：フォルクスワーゲングループジャパン
A&P：ディーディービー東急エージェンシークリエイティブ／オックスフォードインターナショナル
New BeetleCabriolet　フロアスタンド
MATERIAL：スチレンボード・発泡スチロール、金属
フレーム：W500×H1600×D50、パネル：W450×H1060

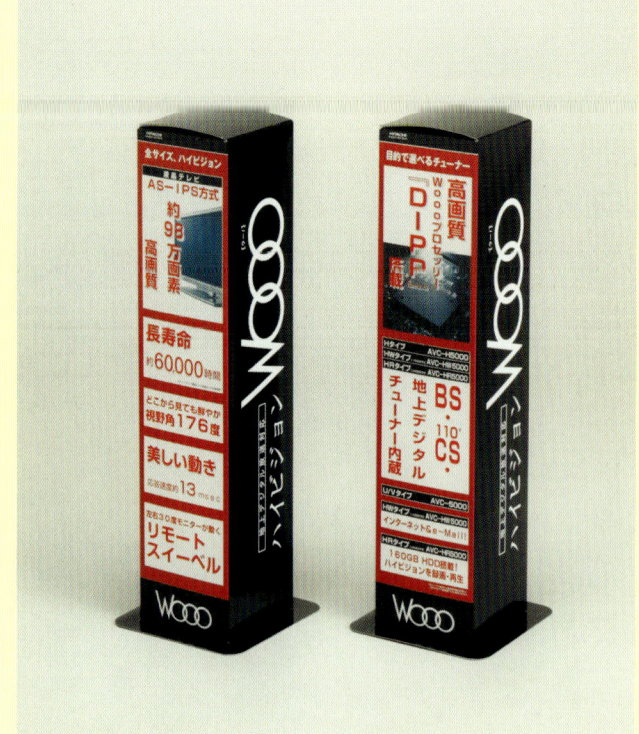

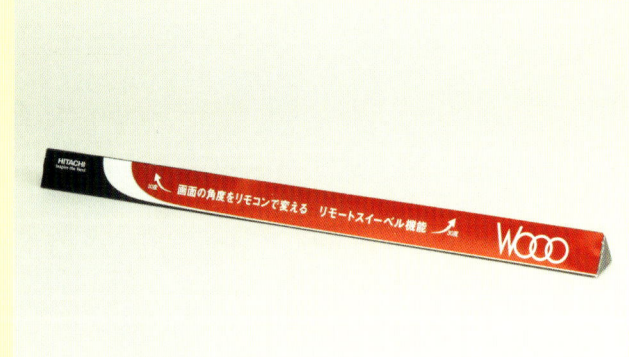

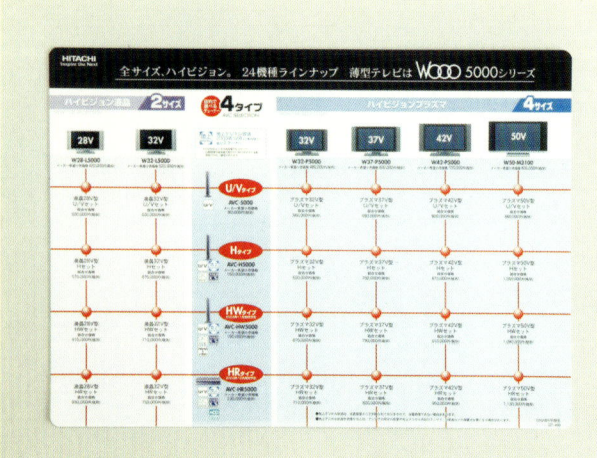

CL：日立製作所
プラズマテレビ・液晶テレビWoooシリーズ展示POPセット
MATERIAL：アクリル、紙類
日立デジタルAV機器Woooのロゴを訴求したデザイン。赤はアイ・キャッチを目的としながらも、高級感を損なわないよう、素材・色調を工夫

CL：WOWOW
A&P：アイプラネット（制作）、電通（デザイン）
デヴィット・ベッカム選手プロモーション販促POP一式
MATERIAL：紙類
CMや新聞広告でも登場したベッカム選手を一般イメージで店頭展開

CL：WOWOW
A&P：アイプラネット（制作）、電通（デザイン）
デヴィット・ベッカム選手プロモーション販促POP一式
MATERIAL：紙類

CL：WOWOW
A&P：アイプラネット（制作）、電通（デザイン）
デヴィット・ベッカム選手プロモーション販促POP一式
MATERIAL：紙類

CL：CAMPER
A&P：CAMPER
LOGO METALICO
MATERIAL：金属
W150×H44×D87
クリーンなイメージでブランドを主張する
©CAMPER

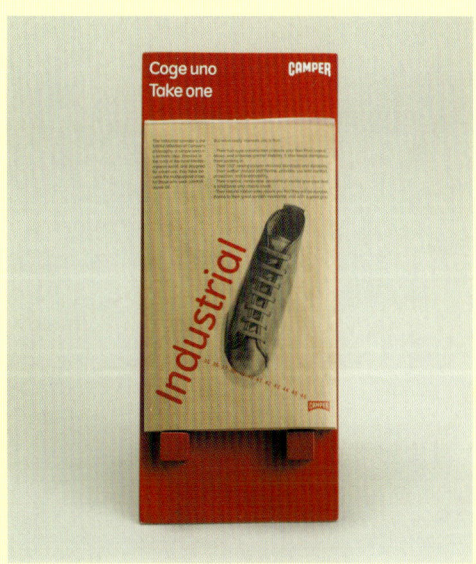

CL：CAMPER
A&P：CAMPER
Fresh display
MATERIAL：紙類
W219×H270×D90
シーズン毎にヴィジュアルを変え、そのシーズンの
キャンペーンを伝えるツール
©CAMPER

CL：CAMPER
A&P：CAMPER
Caregory srand
MATERIAL：木材
W128×H247×D123
カンペールの定番カテゴリーについての説明が書いてある紙を付け、
お客様が1枚づつ取っていけるようになっている
©CAMPER

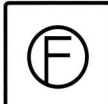

CL：リーガルコーポレーション
A&P：アンブリッシュデザインワークス
リーガルフェア　ノベルティプレゼント告知POP
MATERIAL：紙類（合紙）
W150×H222×D123
合紙を使うことでクラフト感の演出。組立て式による手作り感と立体感。発送の簡易、コスト削減化

CL：パッションN.Yディヴィジョン
A&P：トーイン
KIssエンジェリックトゥインクルプロモーションDP
MATERIAL：紙類
W500×H1525×D405
DPボード面及びステージにファーを使用し、クリスマスシーズンに向けインパクトの強い可愛いらしいDPデザインになっている

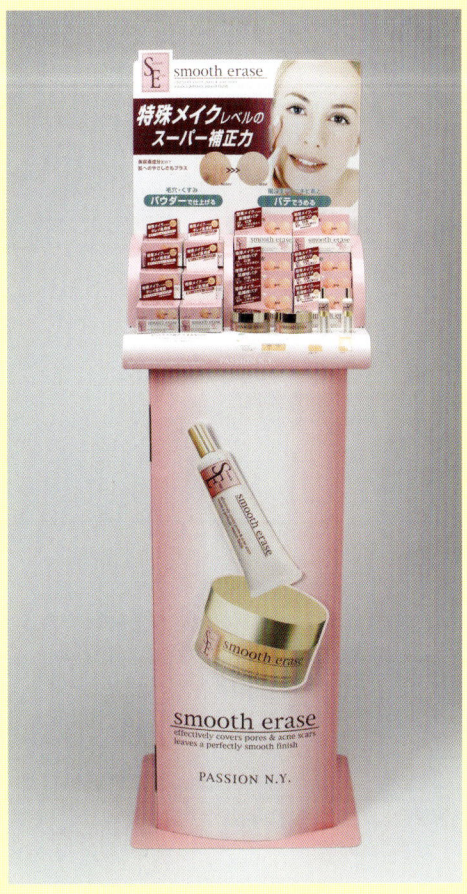

CL：パッションN.Yディヴィジョン
A&P：タナカヤ
P.N.Yスムースイレース
MATERIAL：紙類
W450×H1450×D275
『特殊メイクレベル』というインパクトあるコピーで美肌への補正力の高さをうたった。また、紙製でありながら丸見を帯びた型とグラデーションを配したデザインが商品の質の高さを一層盛り立てる

CL：アルビオン（エレガンス事業部）
A&P：ステップ・ワン
エレガンスビジュアルテスティングスタンド
MATERIAL：プラスチック、アクリル、金属
W660×H1400×D560

エレガンス化粧品の全ラインナップテスターで、内照式ライトによりセンター部分が明るくアイキャッチャーと色物を浮き上がらせ美しく見せている。下部引き出しトレーにも明かりが届くよう工夫され、ベアリングにより軽く引きだせる。脚部も内照式スタンドで移動が容易にできる

CL：トリンプ・インターナショナル・ジャパン
A&P：博報堂
03冬　あっため係　BOXツール
MATERIAL：紙類

CL：トリンプ・インターナショナル・ジャパン
A&P：博報堂
03冬　あっため係　床シート
MATERIAL：ポリプロピレン

CL：トリンプ・インターナショナル・ジャパン
A&P：博報堂
03冬　あっため係　等身大カットアウト
MATERIAL：紙類

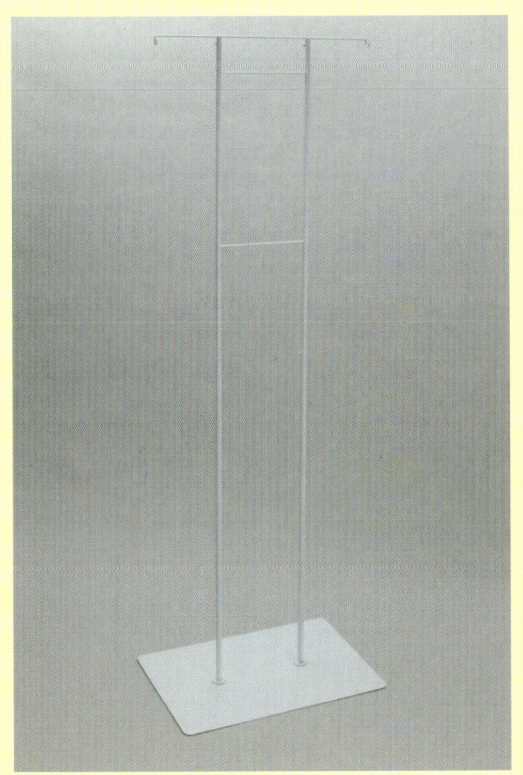
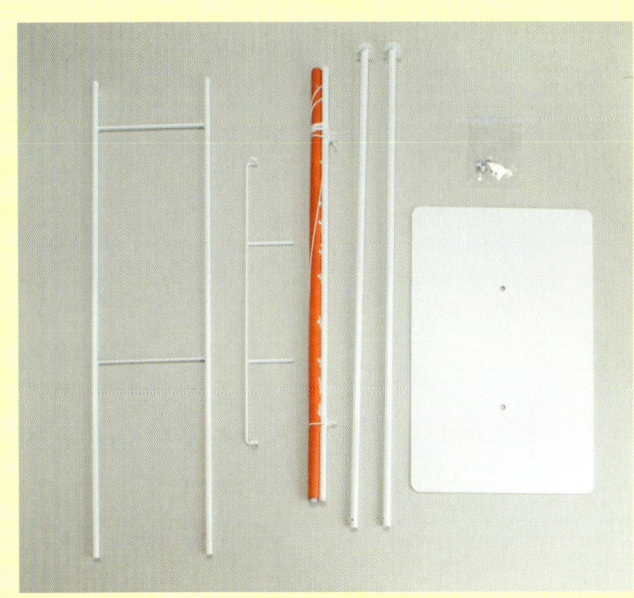

CL：トリンプ・インターナショナル・ジャパン
A&P：博報堂
03冬　あっため係　タペストリー＋スタンド
MATERIAL：紙類

CL：トリンプ・インターナショナルジャパン
A&P：ティスプランニング
トリンプポアモアマンスリーVP
MATERIAL：アクリル
W450×H1300×D400
印刷物と小道具を月毎に変更する

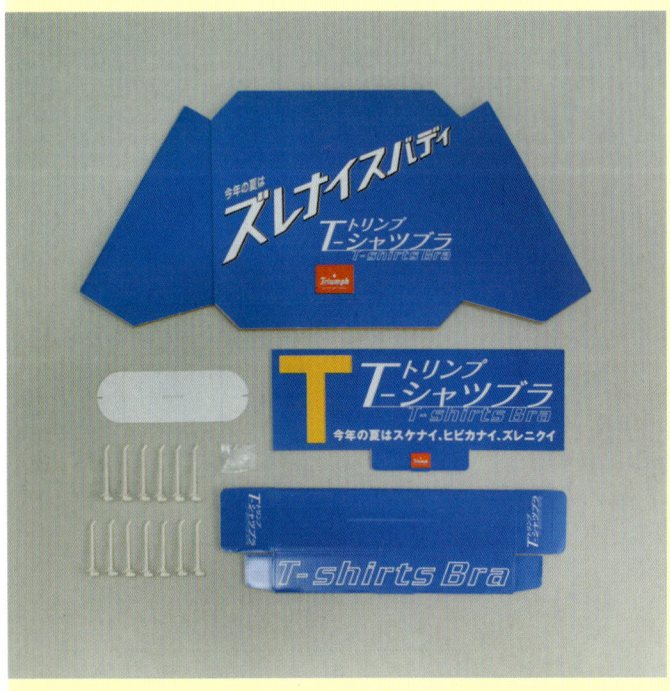

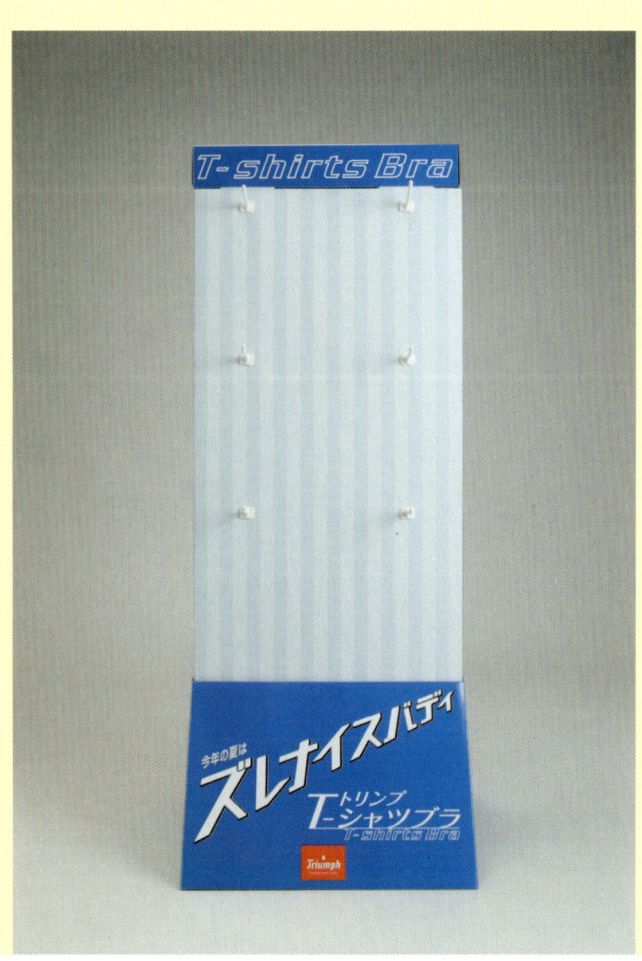

CL：トリンプ・インターナショナル・ジャパン
A&P：博報堂
03夏　トリンプTシャツブラ専用什器
MATERIAL：プラスチック、紙類

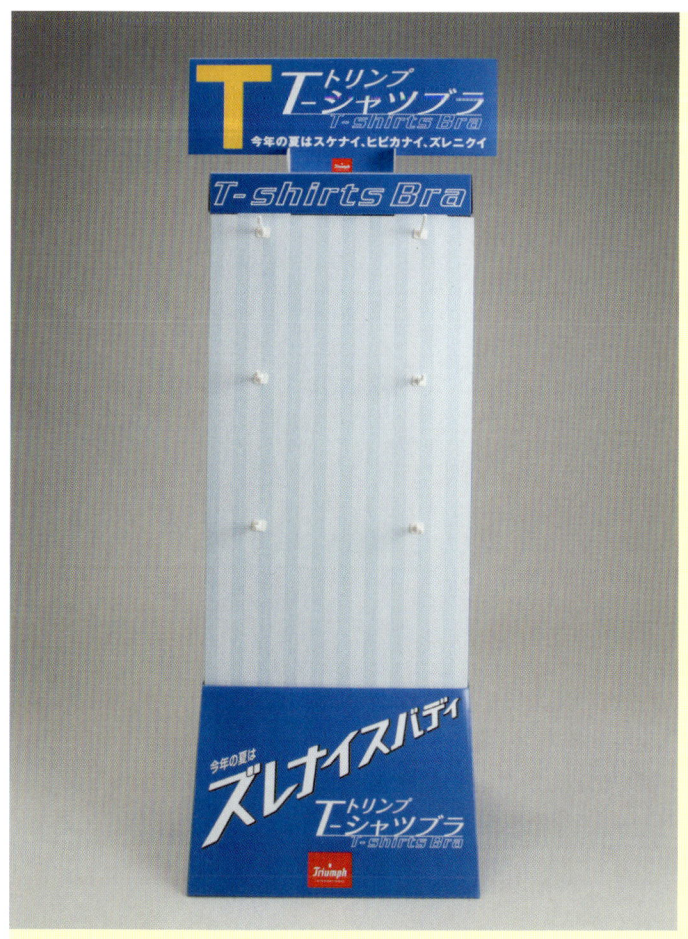
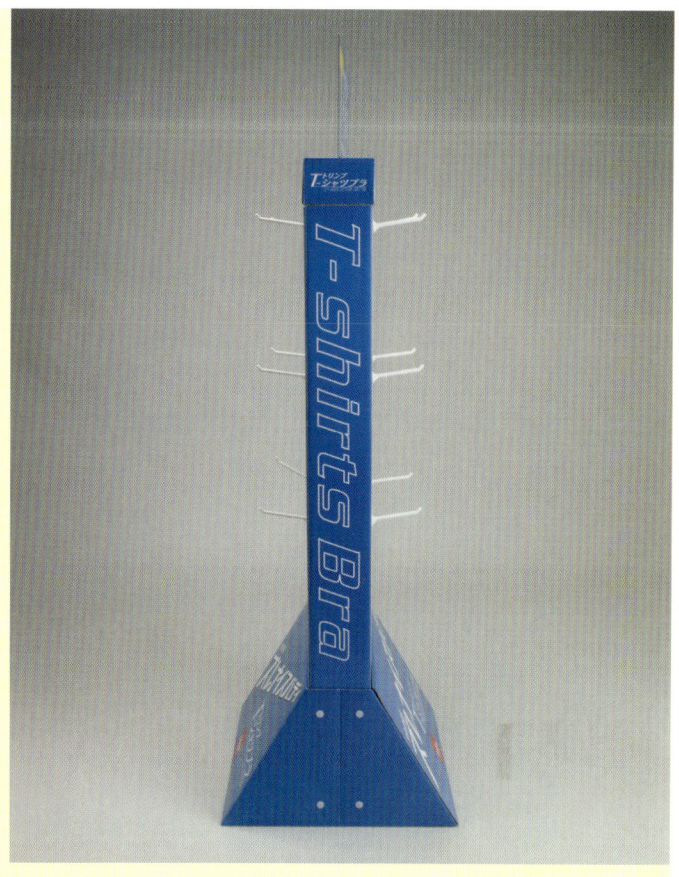
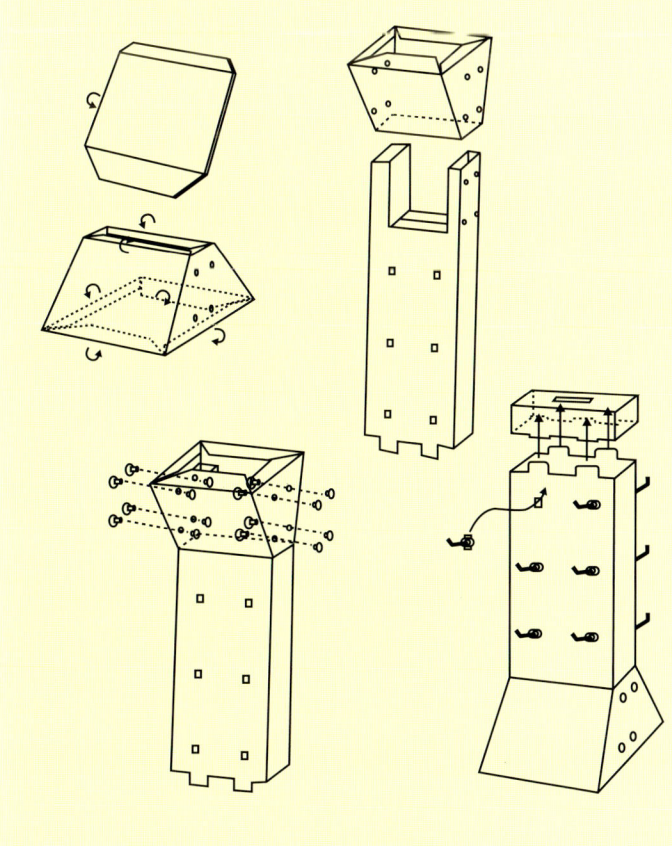

84

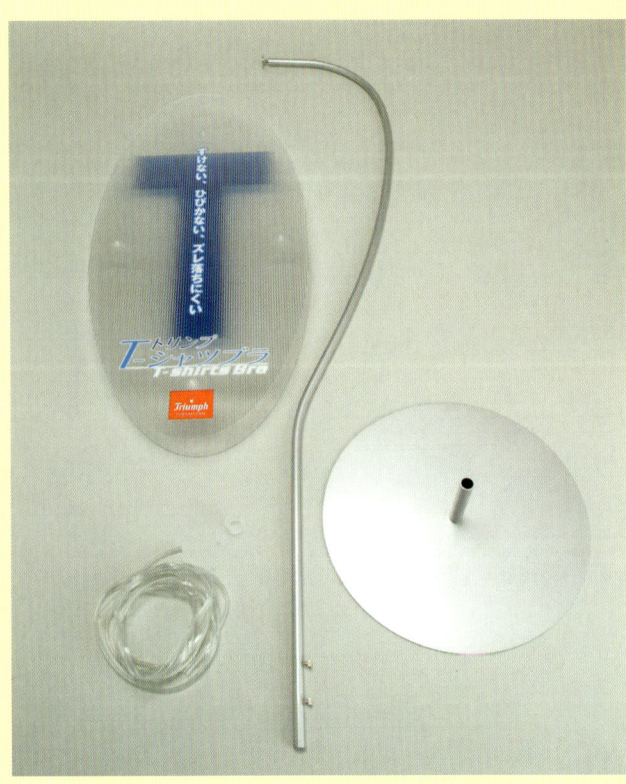

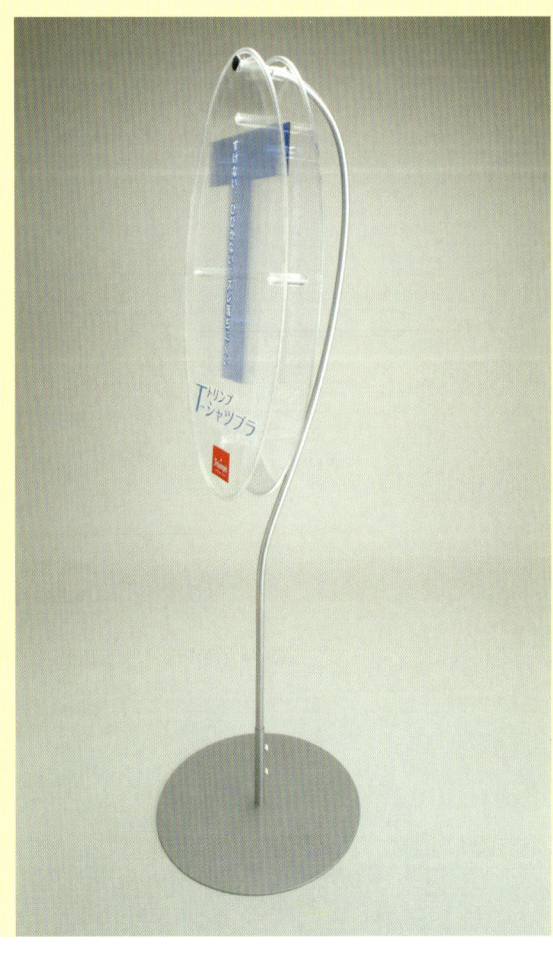

CL：トリンプ・インターナショナル・ジャパン
A&P：博報堂
03夏　トリンプTシャツブラローカルツール
MATERIAL：アクリル、金属

CL：トリンプ・インターナショナル・ジャパン
A&P：博報堂
03 s/s 恋するブラ ローカルツール
MATERIAL：ポリプロピレン、金属、ガラス材、羽

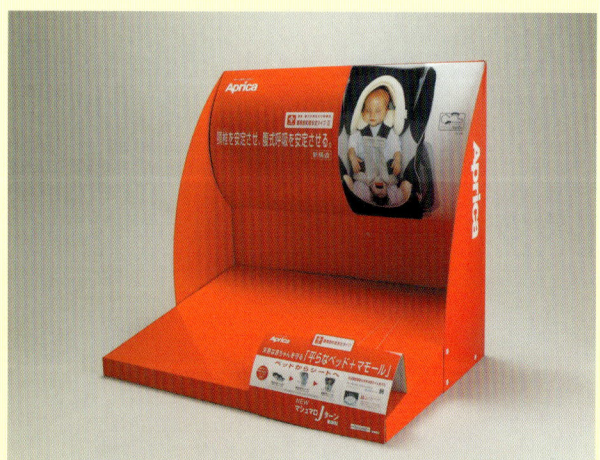

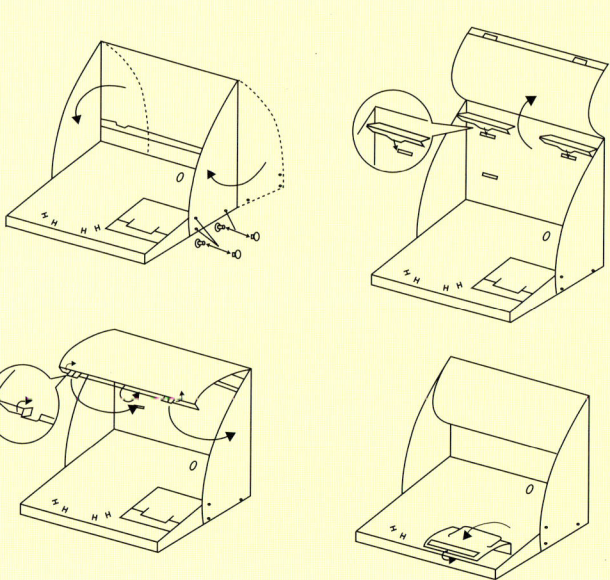

CL：アップリカ葛西
A&P：フォルマテックデザインスタジオ
Jターン傾斜1台置き什器
MATERIAL：スチレンボード・発泡スチロール、紙類
W912×H192×D812
平らに寝かせられる製品（チャイルドシート）の特徴がよくわかる見せ方ができる

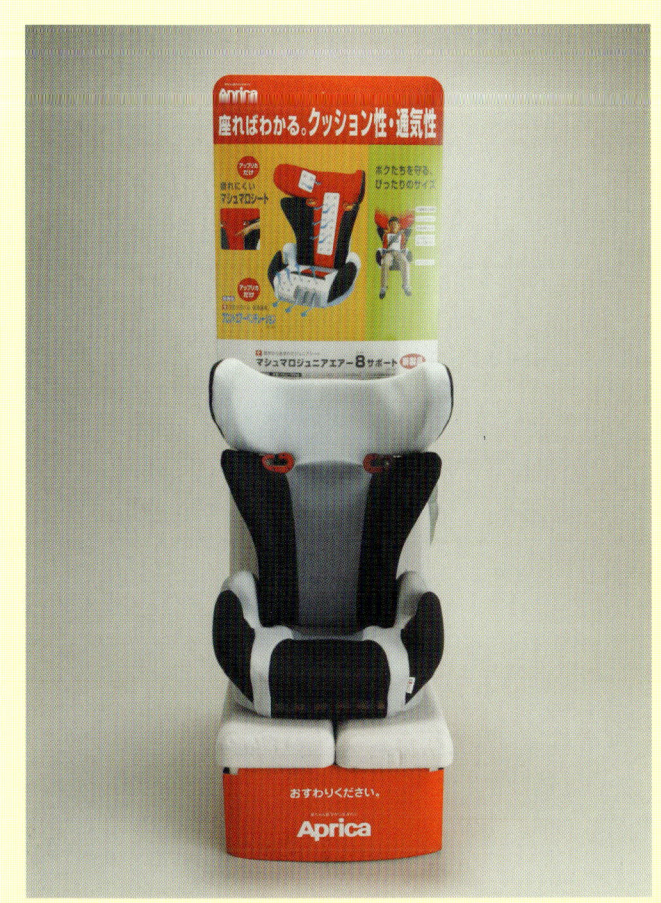

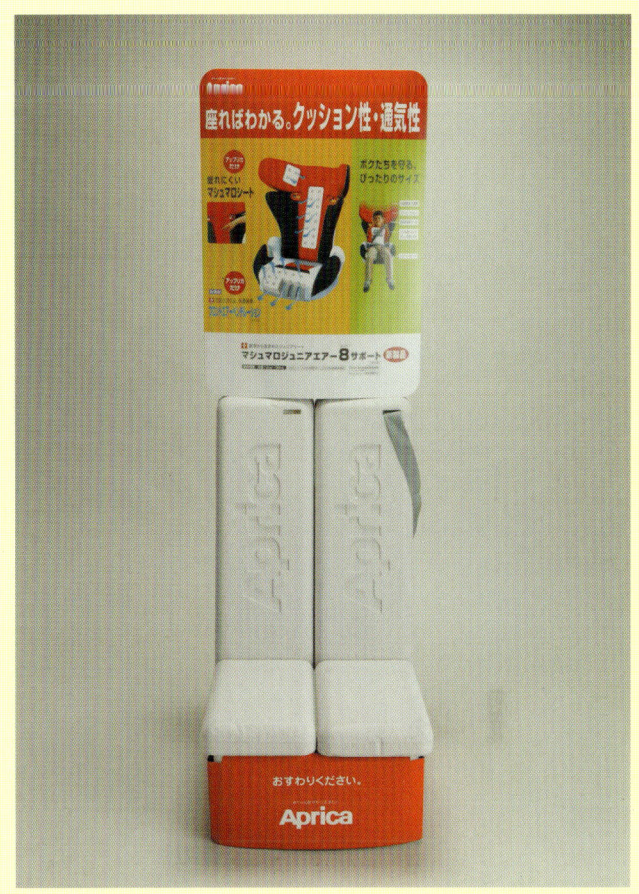

CL：アップリカ葛西
A&P：フォルマテックデザインスタジオ
マシュマロジュニアエア8サポート什器
MATERIAL：スチレンボード・発泡スチロール、金属、紙類
W500×H1445×D700
製品の試乗が什器にとりつけたままできる

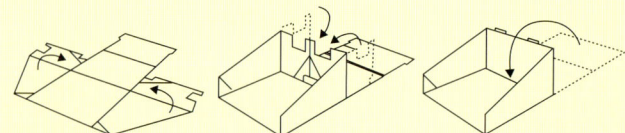

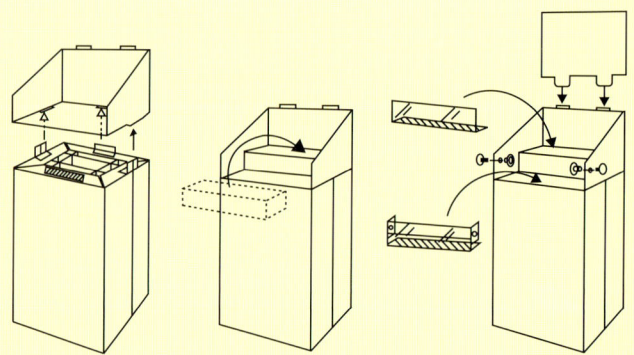

CL：アップリカ葛西
A&P：フォルマテックデザインスタジオ
マグキッスBOX什器
MATERIAL：紙類
W430×H1200×D430
マグキッスシリーズを陳列するための什器。アップリカのイメージカラーで目を引き、製品特徴をイラスト付きで分かりやすく説明している

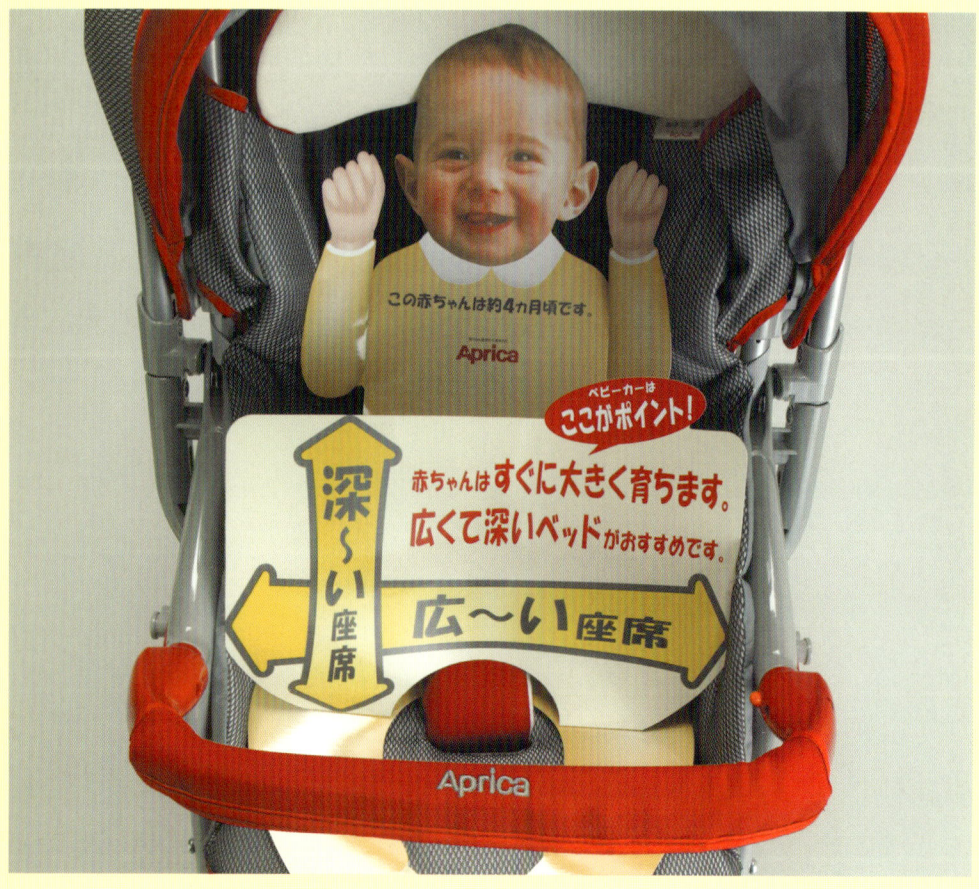

CL：アップリカ葛西
A&P：フォルマテックデザインスタジオ
セルッコベッド広さアピールPOP
MATERIAL：紙類
W305×H620×D21
ベビーカーに取り付けられるPOPになっており、製品の訴求ポイントを製品とPOPが連動してアピールできる

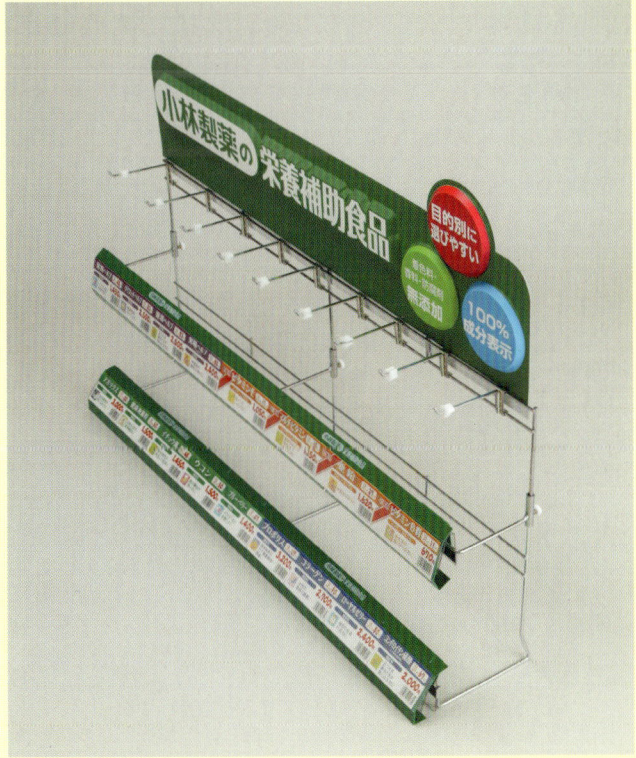

CL：小林製薬
栄養補助食品18品目フック什器
MATERIAL：ワイヤー、ペット、紙類
W860×H620×D190

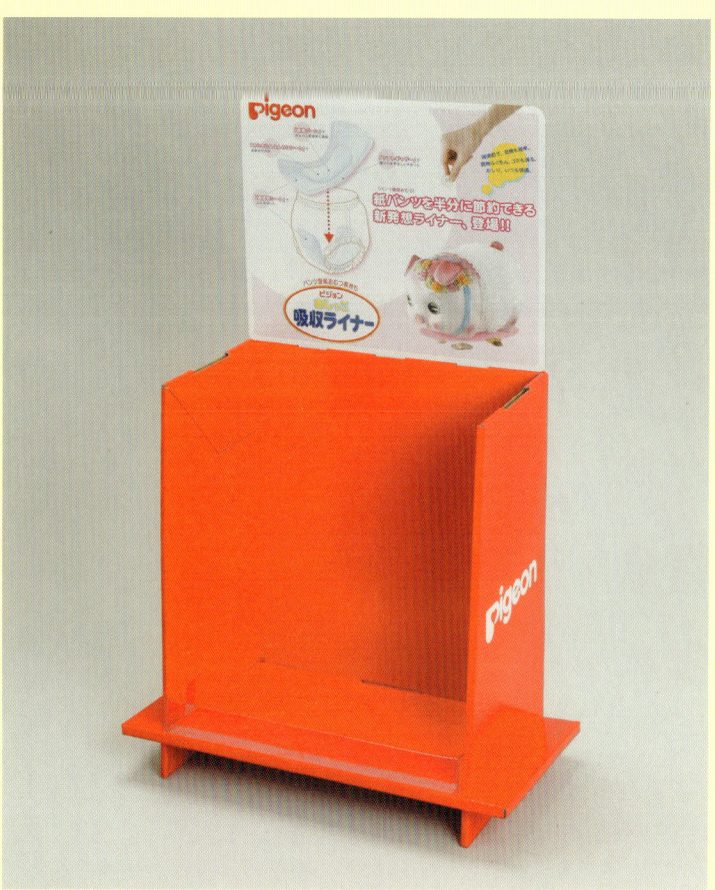

CL：ピジョン
A&P：トスマック
ぴイジョンおしっこ吸収ライナー
MATERIAL：紙類
すべて紙製（段ボール）なので環境にも配慮できている。折り畳まれているときはコンパクトになる

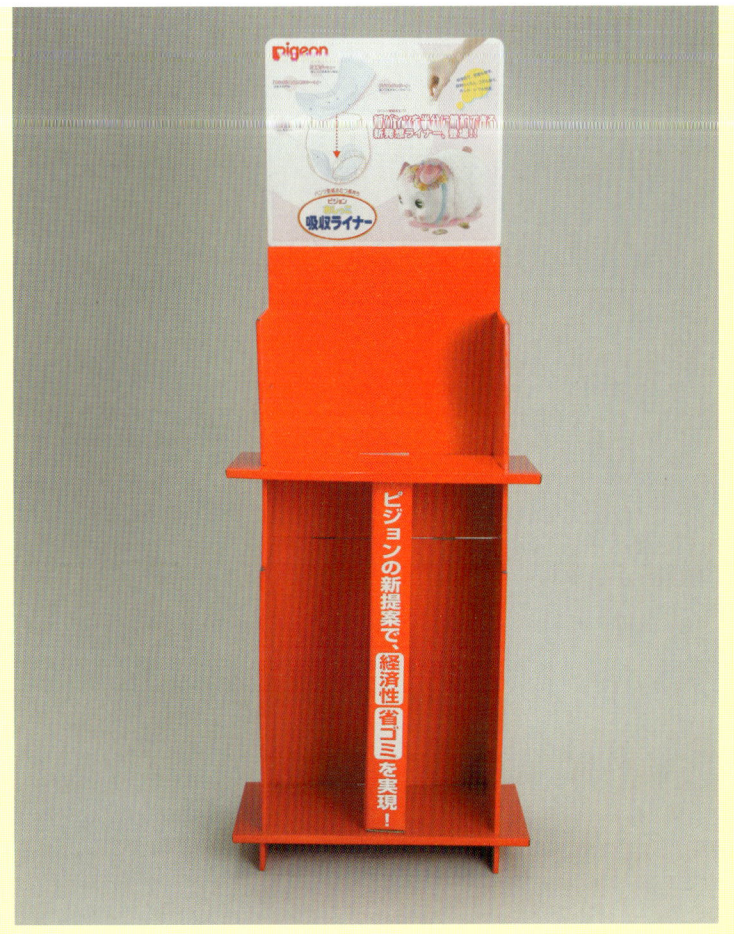

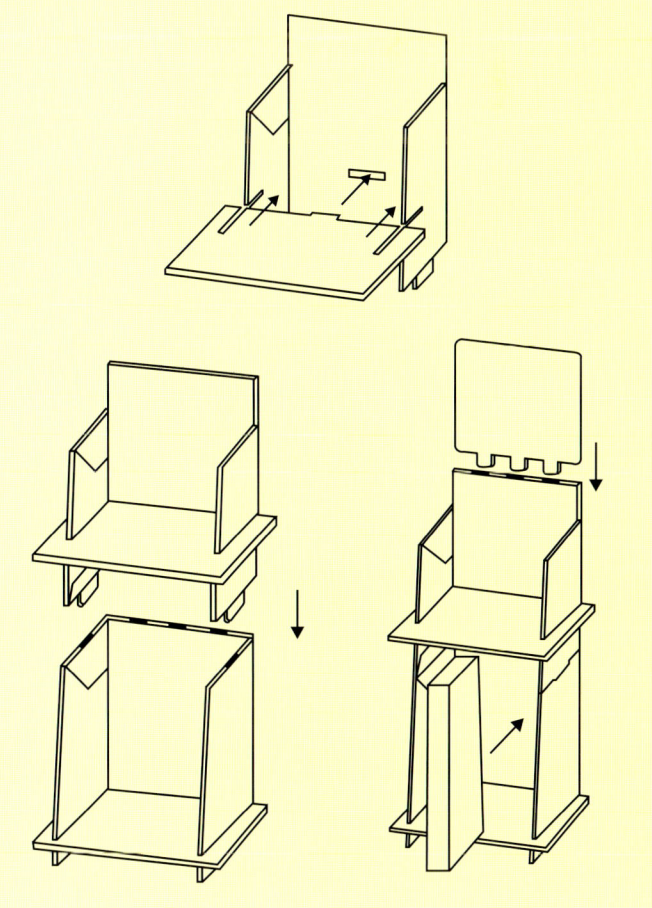

CL：佐藤製薬
A&P：ニットー
イチローフロア陳列台
MATERIAL：紙類
W515×H1360×D430
シンプルな構造なので組立てやすい

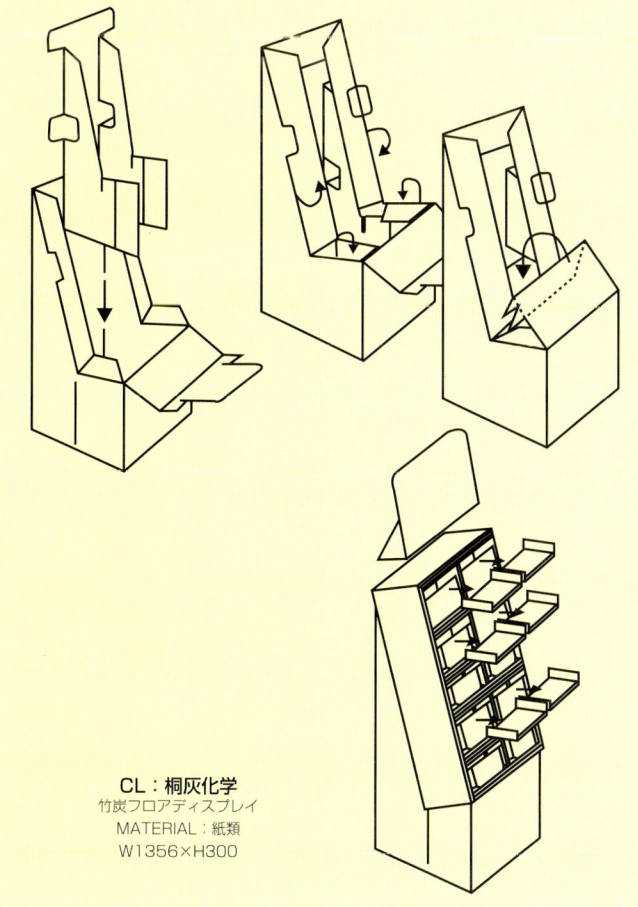

CL：桐灰化学
竹炭フロアディスプレイ
MATERIAL：紙類
W1356×H300

CL：フェザー安全剃刀
A&P：ボンビ
フェザーエフシステム
MATERIAL：紙類
W600×H1500×D400

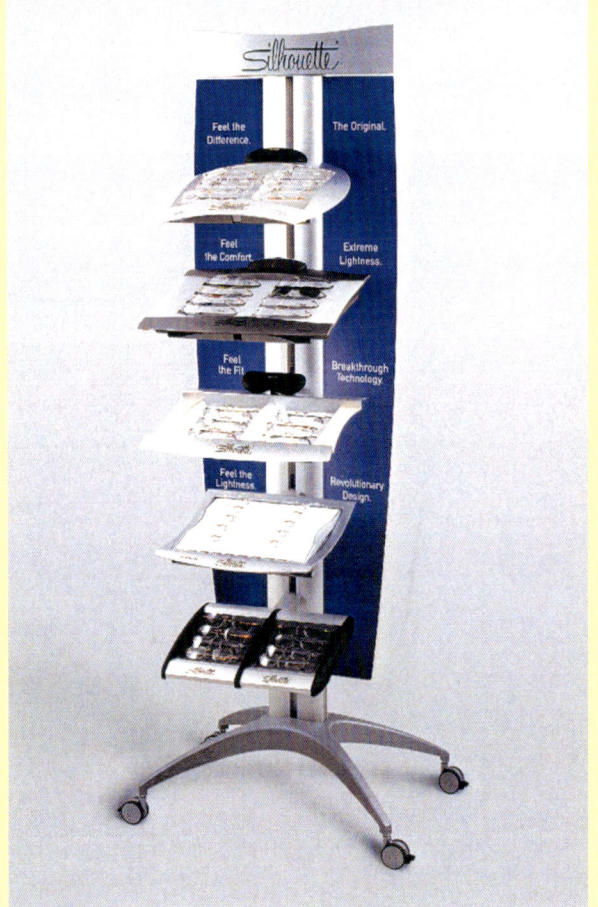

CL：シルエット
5段ディスプレイ
MATERIAL：スチロール
W66×H183×D61
シリーズもの8枚が1セットに成り、1セットごとにカセットBOXがそれぞれを置くもので、一度に5種のシリーズが見られ、平並べに比べ場所をあまりとらなくてすむ

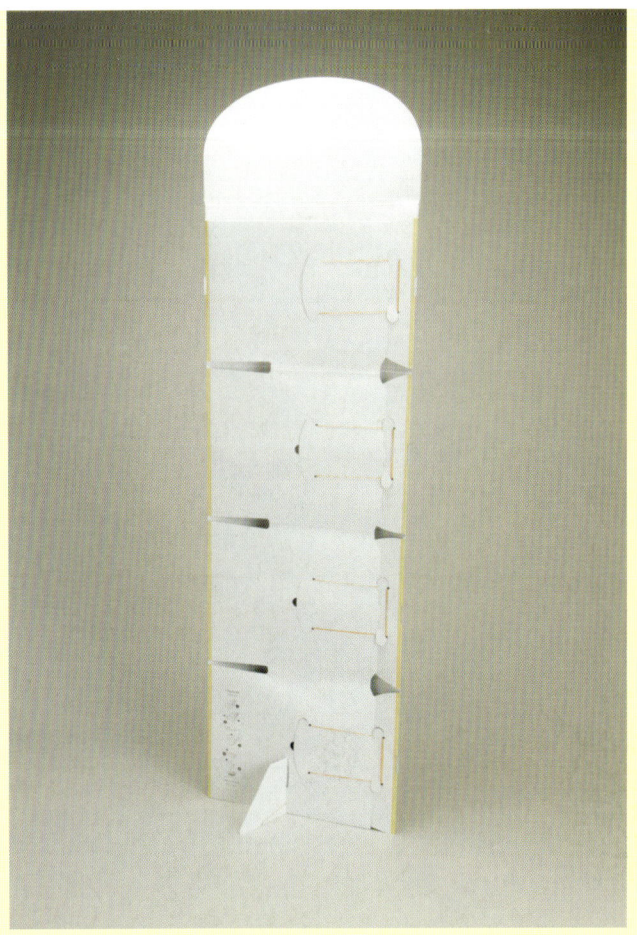

CL：ロッテ商事
A&P：凸版印刷
2003年秋季大陳コンクール販促資材キット
MATERIAL：紙類

CL：ロッテ商事
A&P：凸版印刷
2003年秋季大陳コンクール販促資材キット
MATERIAL：紙類
W900×H600

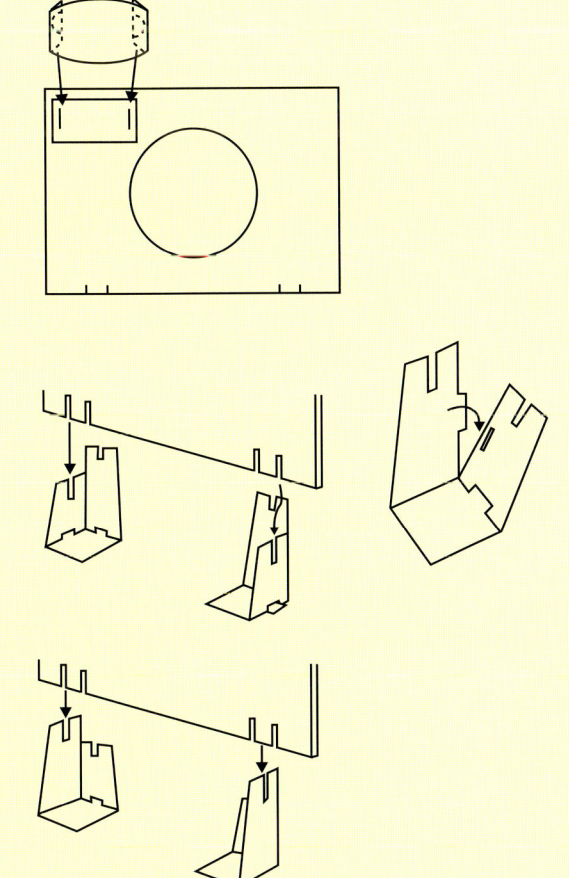

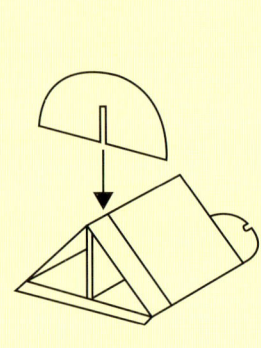 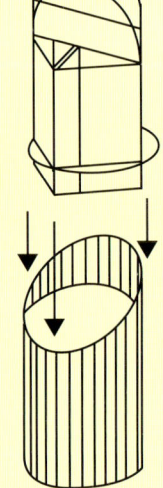 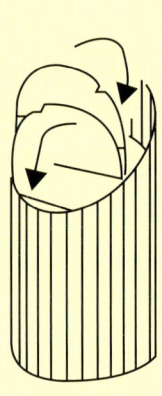

CL：伊藤園
A&P：五十嵐製箱
お〜いお茶竹筒ジャンブル
MATERIAL：紙類 W340×H620×D440
お〜いお茶のデザインのモチーフになっている竹を斜めに切った様子を陳列台に生かして和の雰囲気を醸し出している

101 F

CL：大塚食品
e.v.
W430×H555×D240
販売している商品が、どのようになるかを分かりやすく売場で表現するPOP

CL：ダスキン　ミスタードーナツ事業部
A&P：ノムラデュオウエスト
「小猫の昼カフェ」キャンペーン　ディスプレイPOP
MATERIAL：スタンド什器　金属、POP部　紙類
W520×H1600×D540
スタンド什器は各店に据え置き。キャンペーン毎に印刷面を差し替える仕様

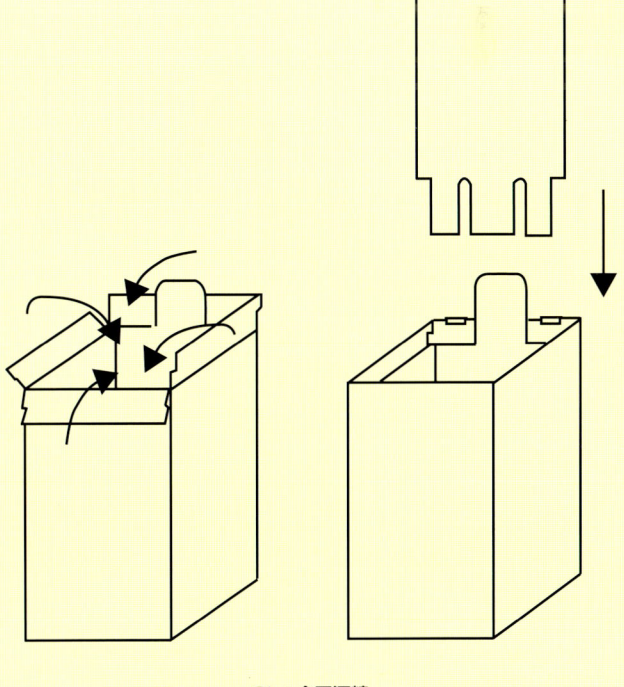

CL：合同酒精
A&P：千修
グランブルー大陳台
MATERIAL：紙類（段ボール）
W314×H1176×D244
グランブルーの持つ商品イメージ「深い青」、「深海」を正確に表現し、消費者の脳裏に残る印象を与える大陳台

CL：カプコン
A&P：ソニー・ミュージック・コミュニケーションズ
カオスレギオン
MATERIAL：紙類
L型の背景付きの人型POP。
上部には鎖を使ってリアル感を演出。スタンドは真横からも見えない極小サイズ
© CAPCOM CO.,LTD.2003 ALL RIGHTS RESERVESD.

105 F

CL：カプコン
A&P：ソニー・ミュージック・コミュニケーションズ
デビルメイクライ2
MATERIAL：紙類
特許登録出願済。
2m20cmの大型サイズ。支柱がセンターでないオリジナルスタンド
© CAPCOM CO.,LTD.2003 ALL RIGHTS RESERVESD.

CL：チュンソフト
A&P：ピーエスインターテイメント
3年B組金八先生　伝説の教壇に立て！
MATERIAL：紙類
什器兼用で台上に商品を多数陳列可
©2004 CHUNSOFT

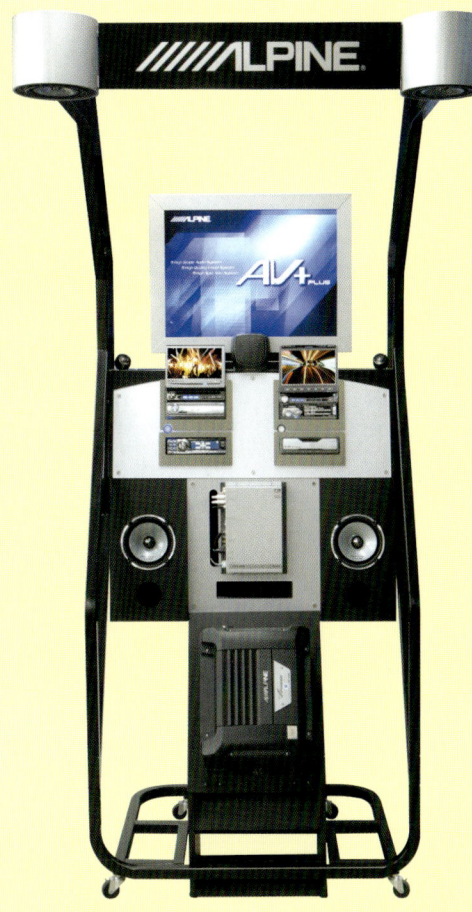

CL：アルパイン マーケティング
A&P：コモンズ
D300JN置台
MATERIAL：アクリル、木材
W900×H2100×D1000

CL：ヨネックス
A&P：大日本印刷
アーマーテック800
MATERIAL：プラスチック、紙類
W450×H1100×D350
バドミントンラケットのディスプレイ什器として、業界初のダブルス専用であることを見出しとし、金属をハイブリットしたシリーズを表現するため金属をイメージし、シャープ感を表現

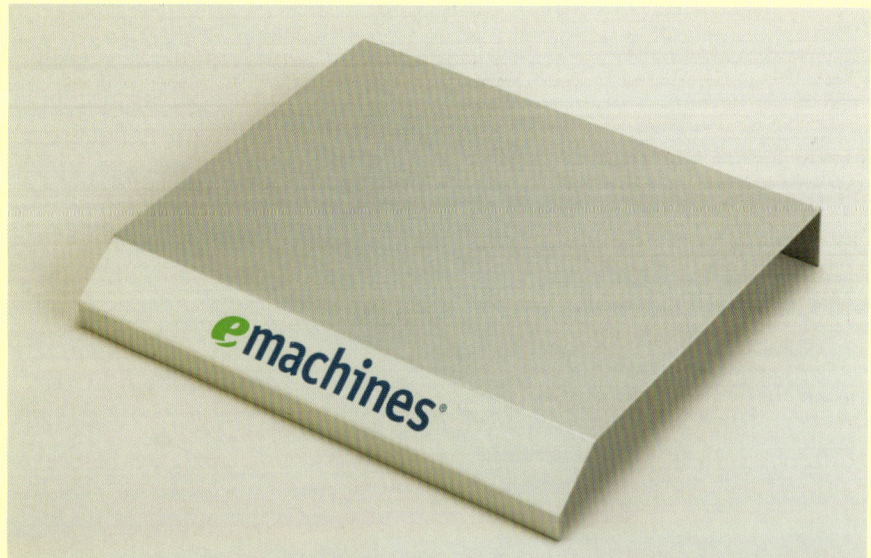
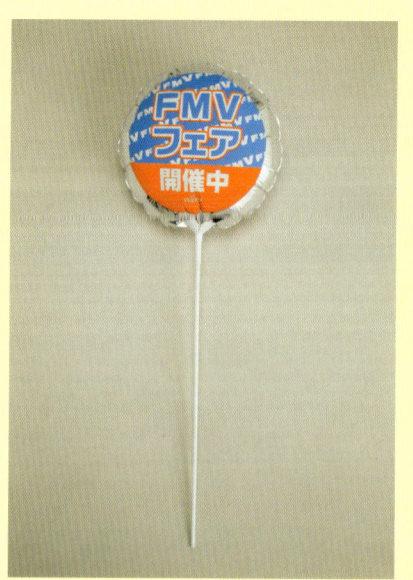

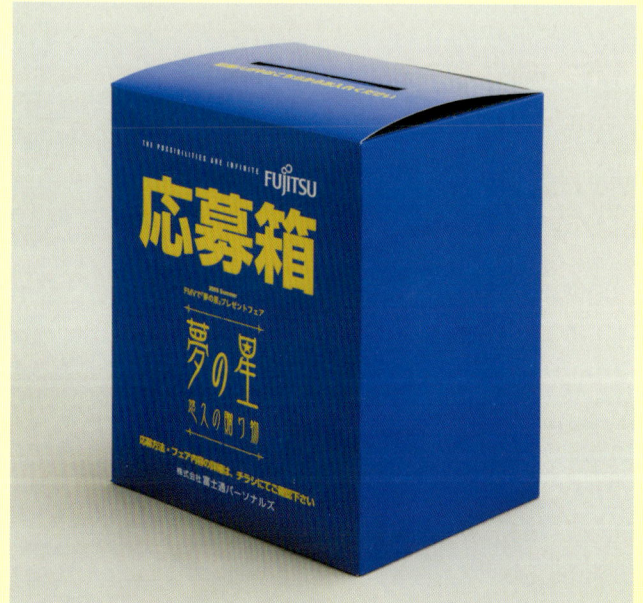

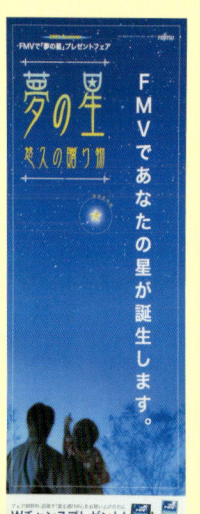

CL：富士通パーソナルズ
A&P：イースタンマーケティングシステムズ
03夏「夢の星」プレゼントフェア販促ツールセット
MATERIAL：紙類

109

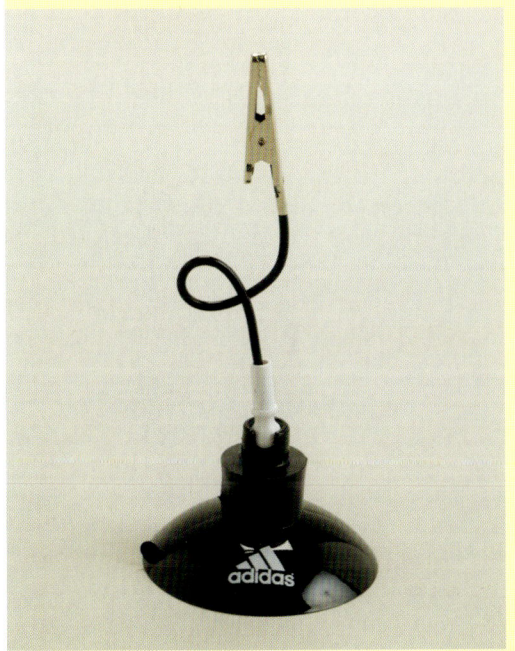

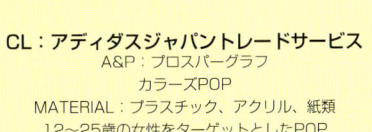

CL：アディダスジャパントレードサービス
A&P：プロスパーグラフ
カラーズPOP
MATERIAL：プラスチック、アクリル、紙類
12〜25歳の女性をターゲットとしたPOP

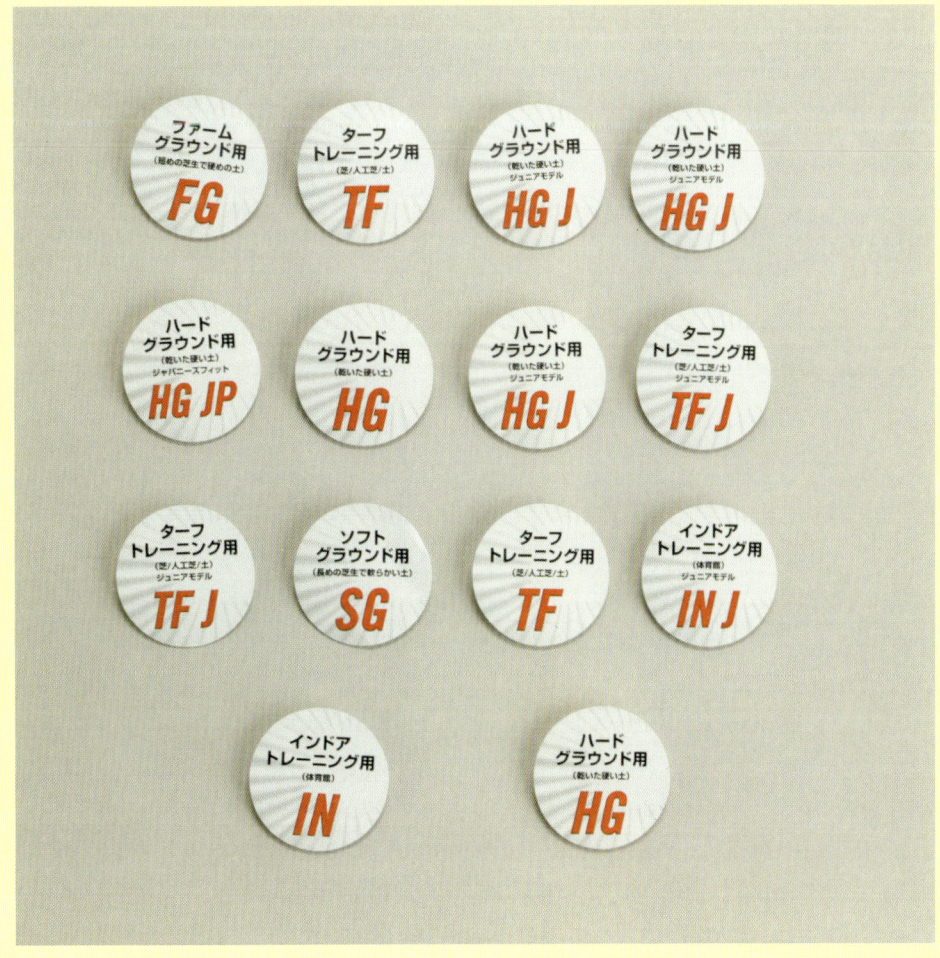

CL：アディダスジャパントレードサービス
A&P：TBWA JAPAN
プレデターPOP
MATERIAL：プラスチック、アクリル、紙類
adidas独自のプレデターという名前のスパイクの最新バージョンのPOP

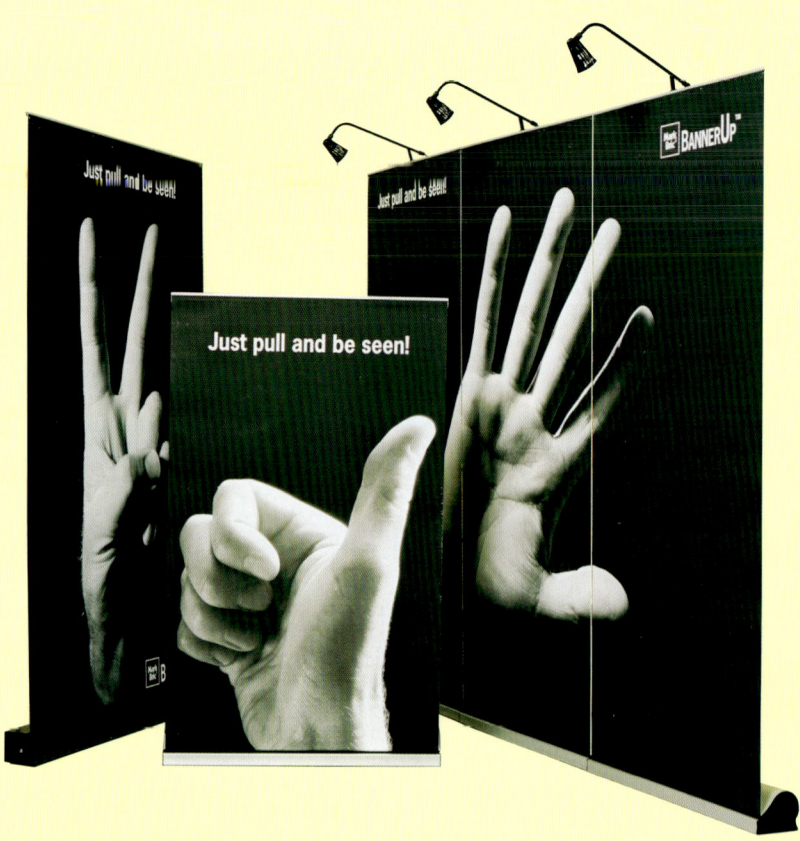

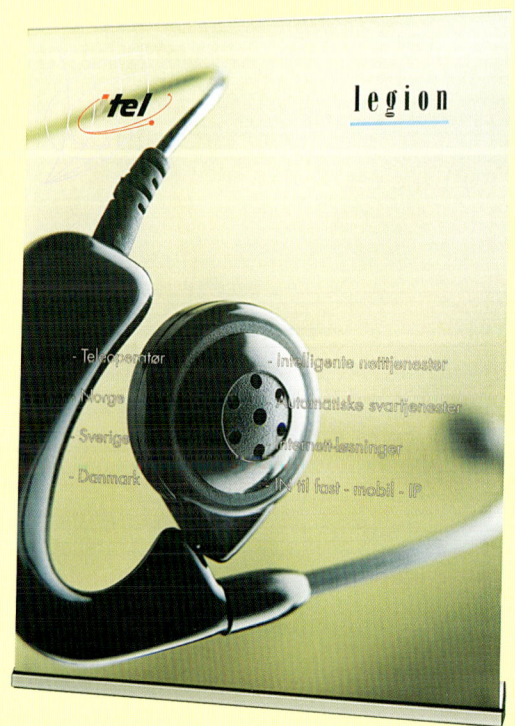

明祥印刷
BannerUp
ポールの追加により最高2250mm（通常2060mm）までの大型バナーがセットできる

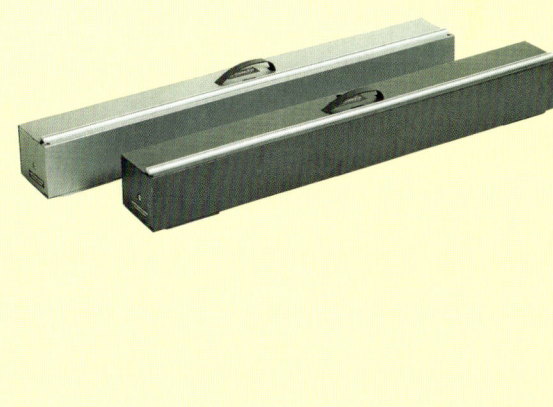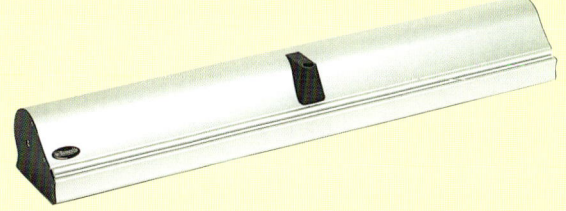

SnapUp MagnetPro

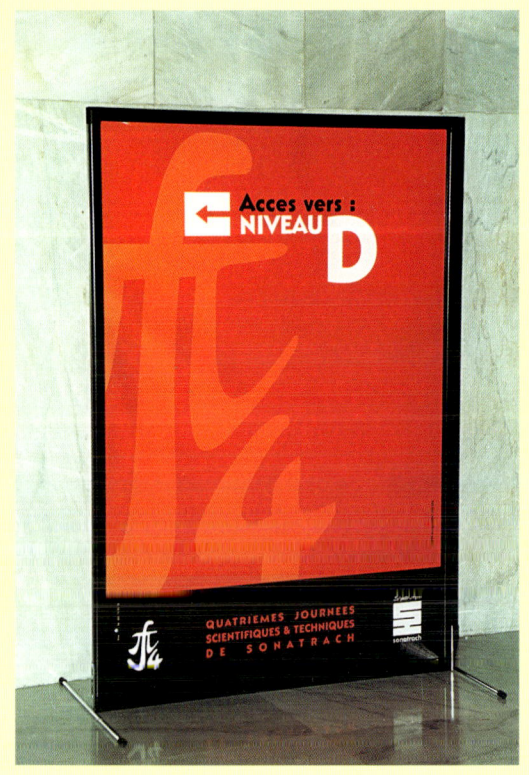

明祥印刷
FLEXIFRAME

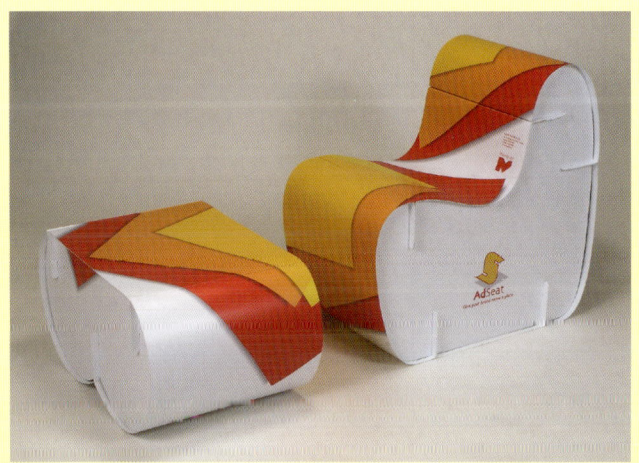

明祥印刷
AdSeat
W489×H763×D815（アドシート本体）
W489×H750×D385（テーブル）

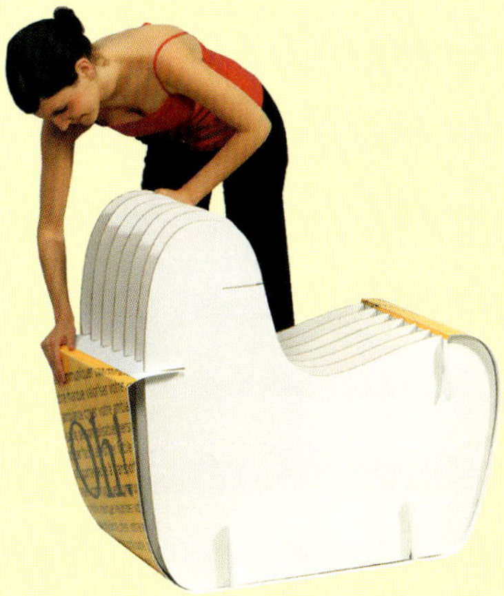

明祥印刷
VideoPrint
三種類の絵柄が入れ替わりに表示される

明祥印刷
LAMA

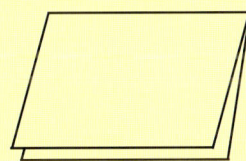
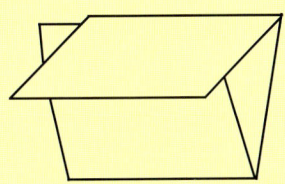
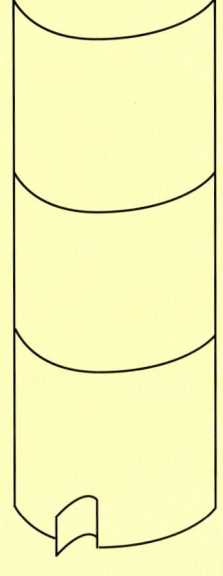

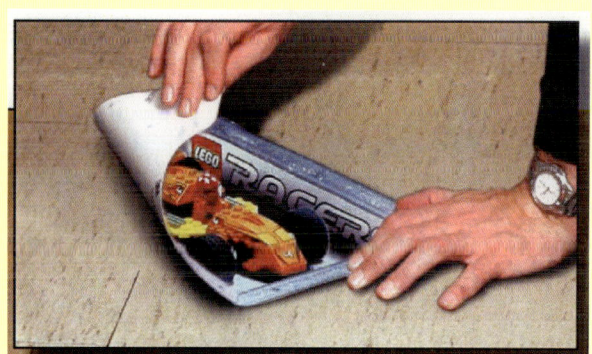

明祥印刷
ZignUp
ある位置から見ると、床からリアルな立体が浮かび出して見えるシート。商品やロゴマークなど、さまざまなグラフィックで利用できる

明祥印刷
DYNAMIC IMAGES
名刺サイズ～1219mm×2438mm

アニメーション、ズーム、モーフィング、フリップなどのさまざまな効果が利用できる

P.O.P.DESIGN

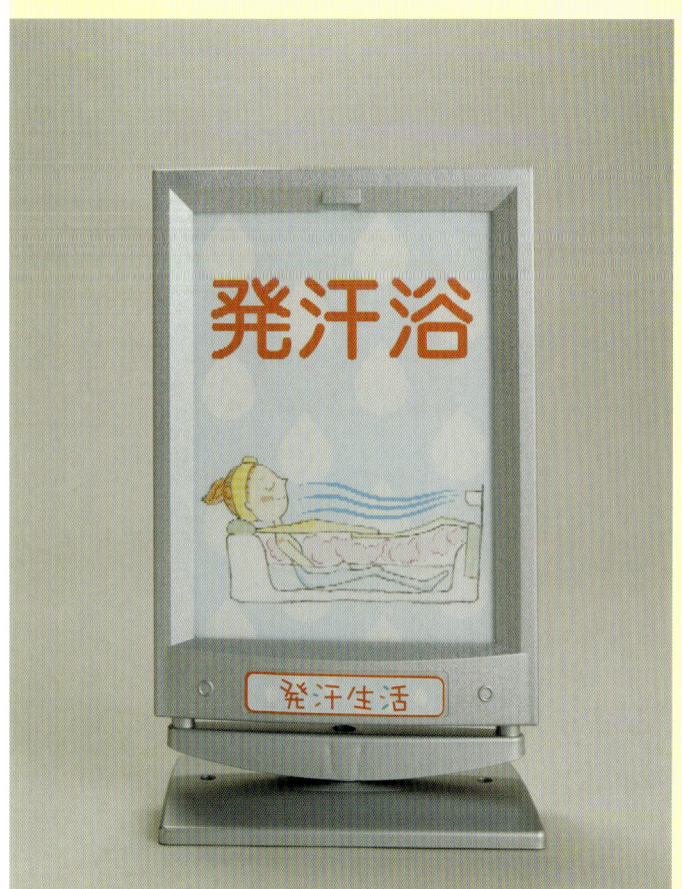
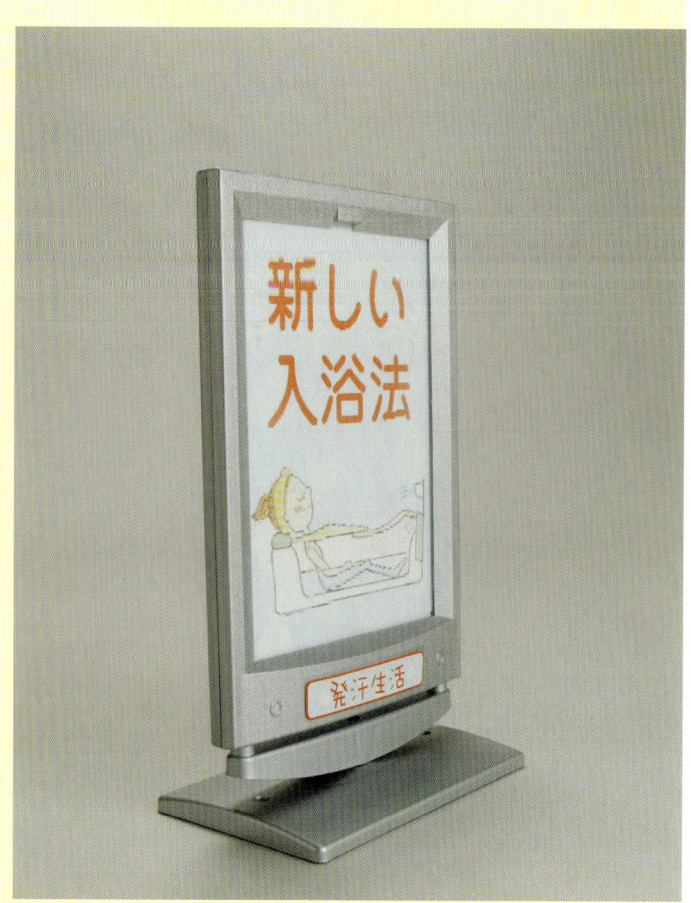

CL:東陶機器
A&P:大日本印刷
システムバスルーム発汗生活シリーズ
MATERIAL:プラスチック
ディスプレイ表面についた凹凸の角度を電動で変化させ、中に配置された3つのイラストに動きを与えます。スチームミストと涼風の動きを動画的に見せている

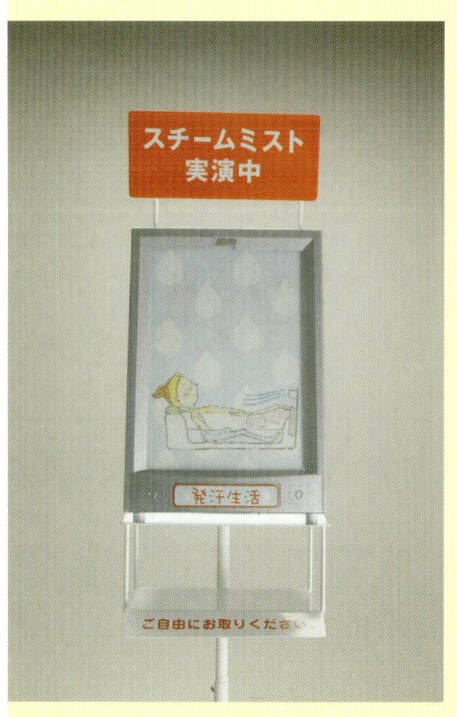
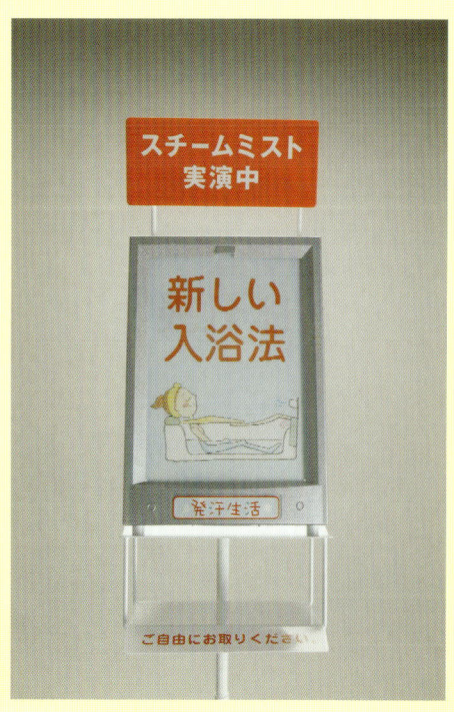
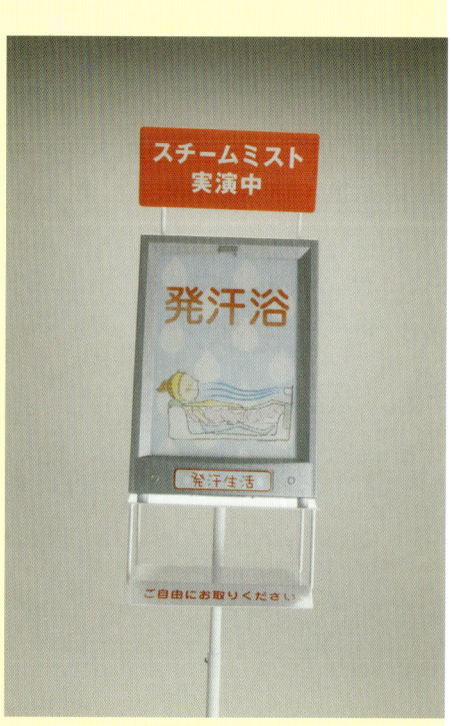

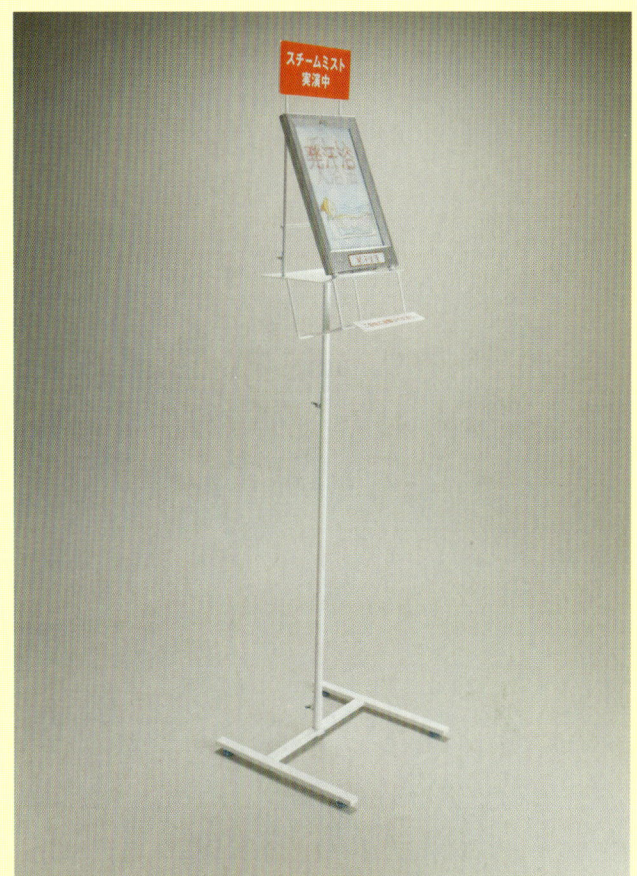
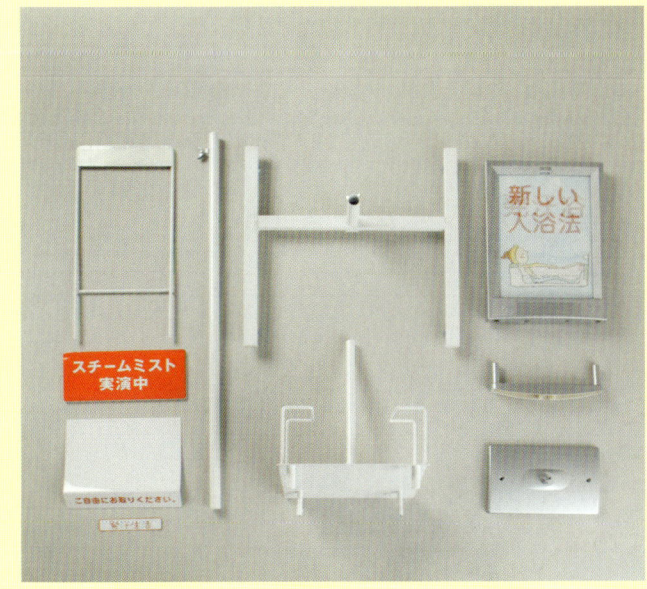
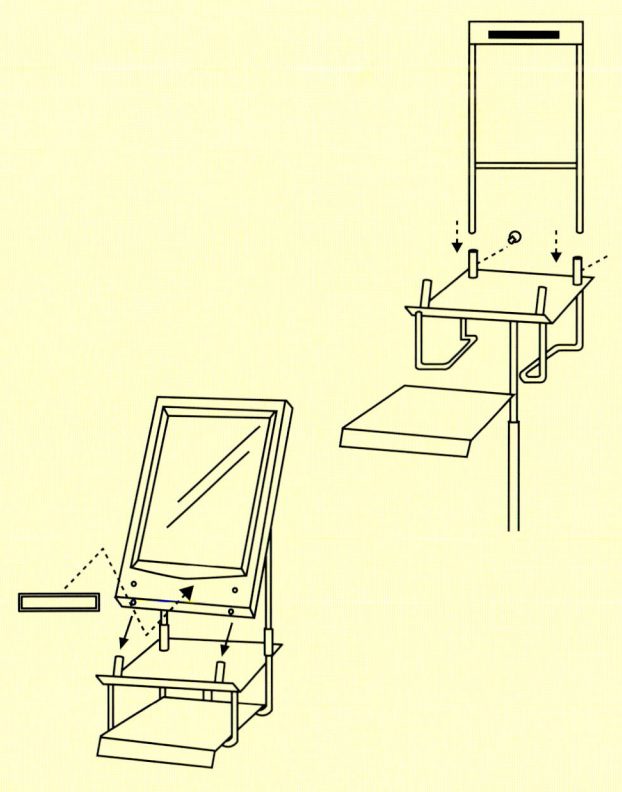

CL：ジョイトップ
A&P：無限デザインスタジオ
動くPOP
MATERIAL：金属

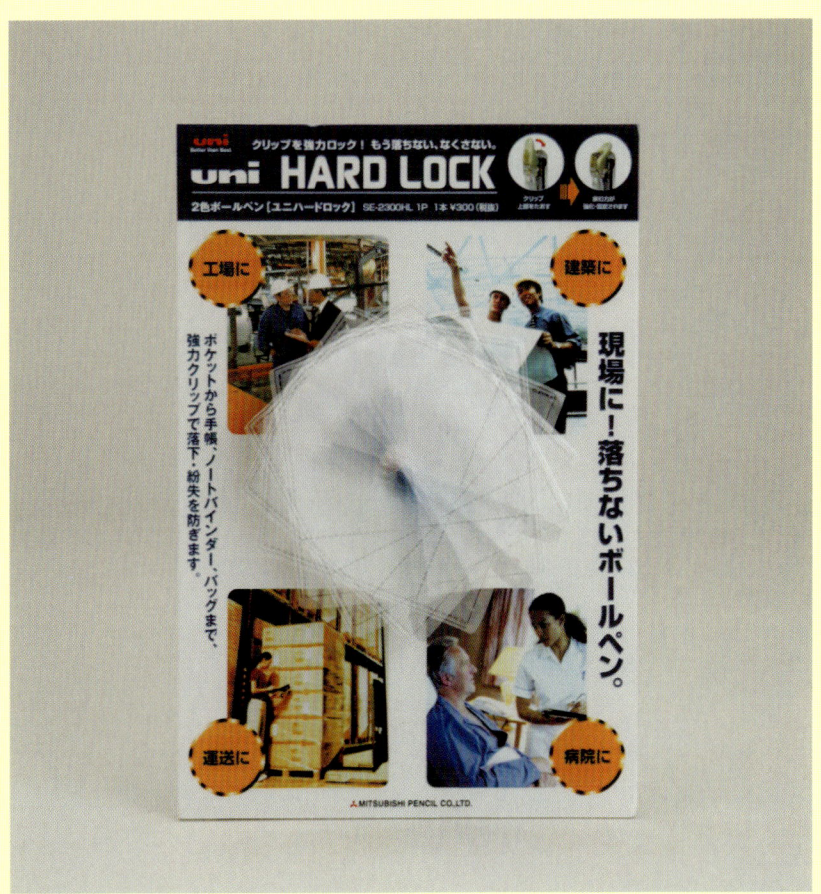
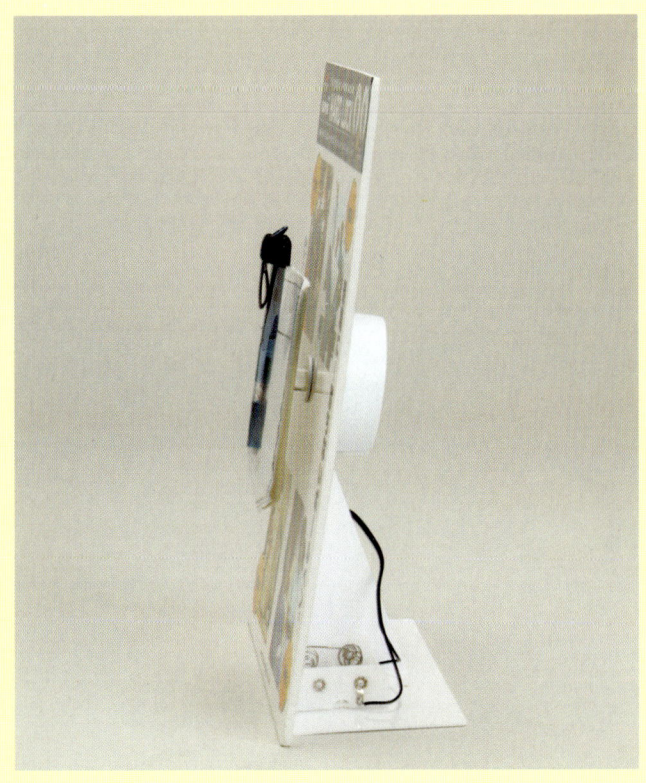

CL：三菱鉛筆
A&P：アイポイント
ハードロック電動POP
MATERIAL：スチレンボード・発泡スチロール、電子部品
W250×H365×D105
回転してもワイシャツのポケットからペン軸が飛び落ちないことにより強力なクリップをアピール

CL：サンリーブ
OVAL TAKUMI DESIGN
MATERIAL：紙類、電子部品
W210×H297×D100

CL：サンリーブ
OVAL TAKUMI DESIGN
MATERIAL：紙類、電子部品
W210×H297×D100
1枚の眼鏡でフレーム⇔サングラスに対応する表情を動きで表現した

CL：ブリヂストンサイクル
A&P：国際ディスプレイ工業
ブリヂストンサイクルソーラーPOP
W97×H200×D40
従来からの展示什器をフックに吊り下げて、ブランドの安心と高性能をアピール

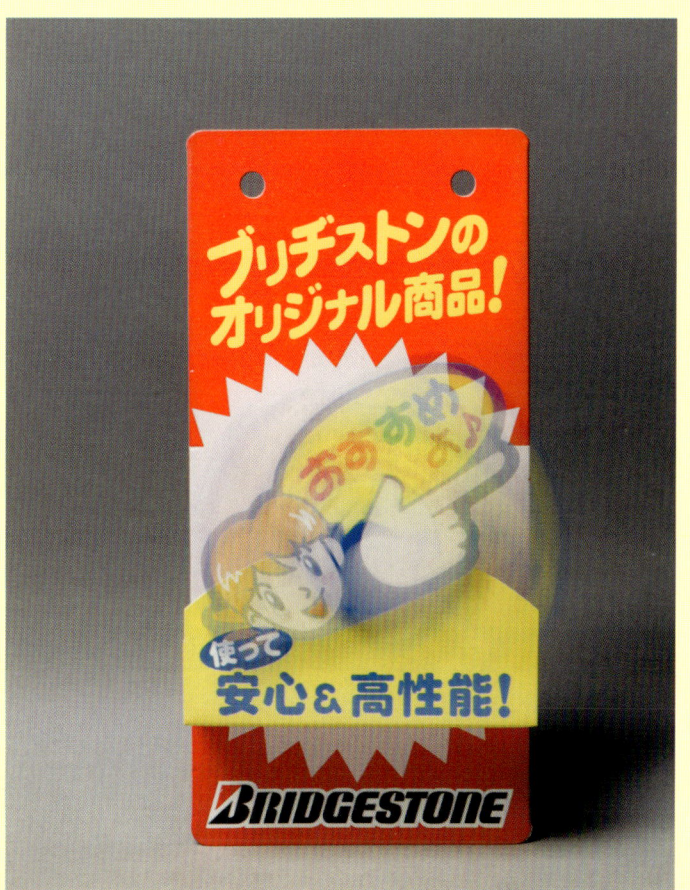

CL：ブリヂストンサイクル
A&P：国際ディスプレイ工業
ブリヂストンサイクルソーラーPOP
W97×H200×D40

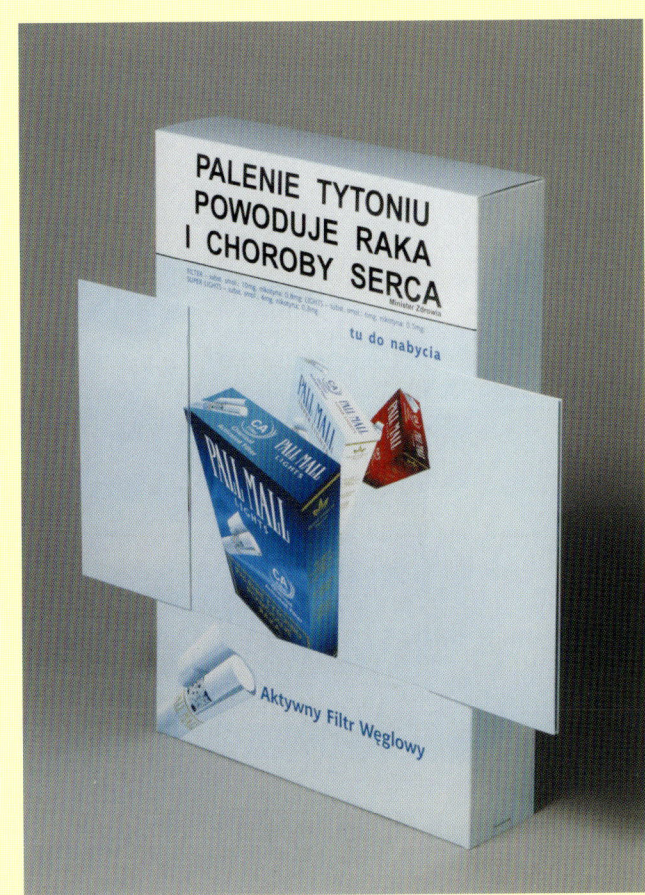
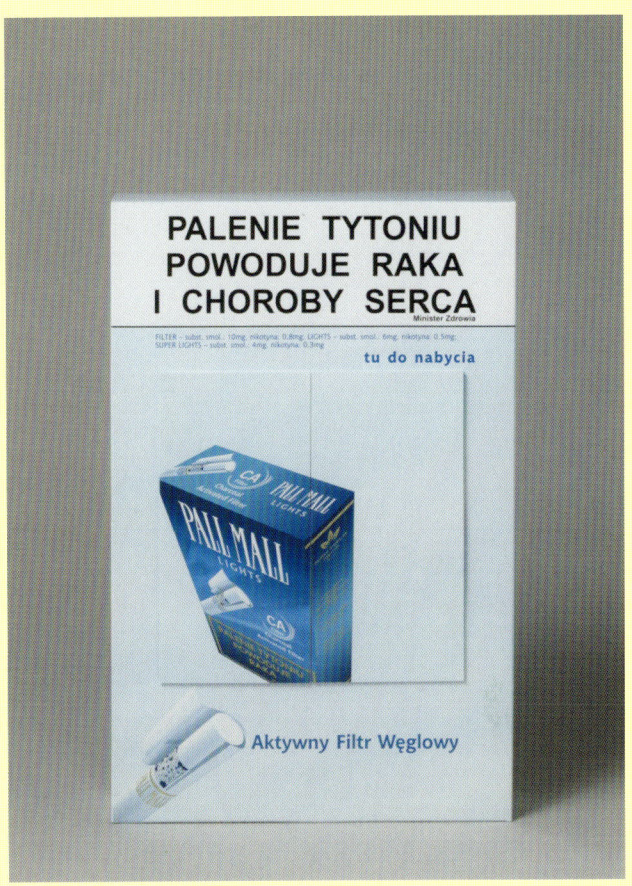
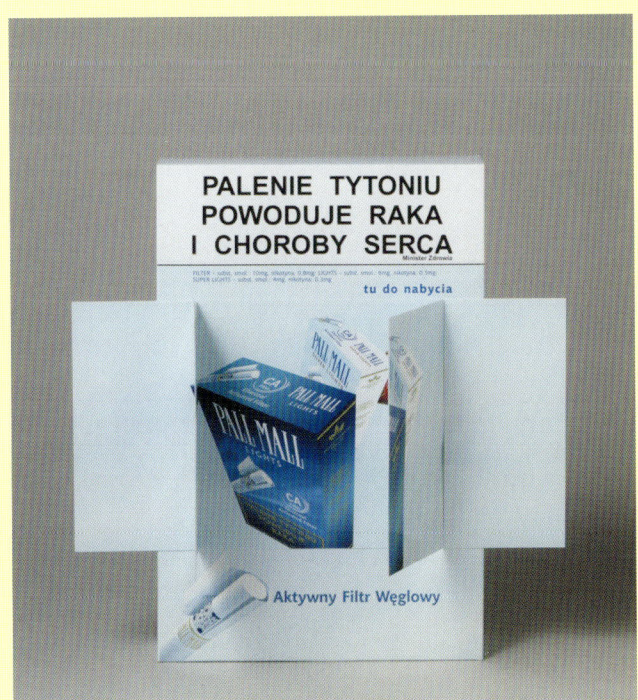
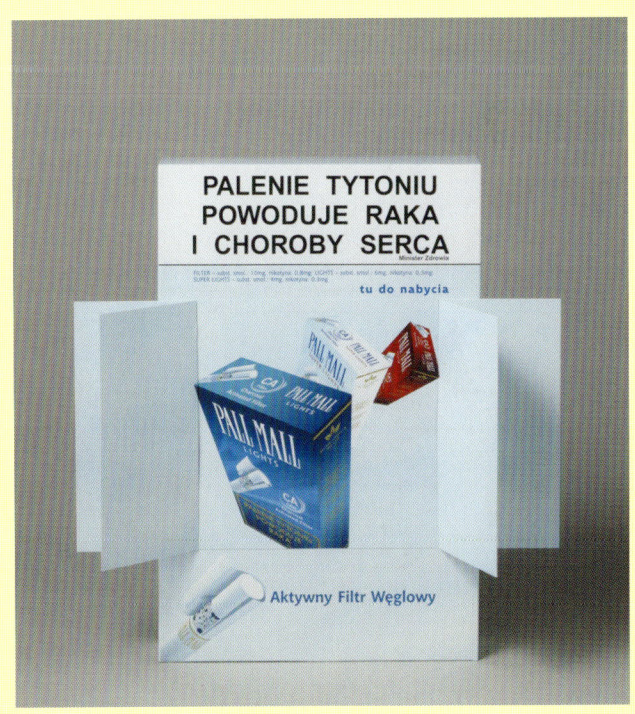

CL：エレクトロニックアートギャラリー
A&P：国際ディスプレイ工業
フラップサインA4
W200×H300×D50
磁石の吸引・反発を利用して画面の開閉をし、3面変換させる

CL：ネスレ日本
A&P：電通EYE
冷蔵庫型ムーヴィングPOP
MATERIAL：紙類
W860×H530×D80

冷蔵ケース上やエンドトップで商品をアピールするためのツール。冷蔵庫の扉が開くと真夏の青空とダイナミックなシズルが現れ、意外性と共に他ツールのビジュアルとも連動。扉の開閉とポップアップ（グラス）の組合せも新鮮

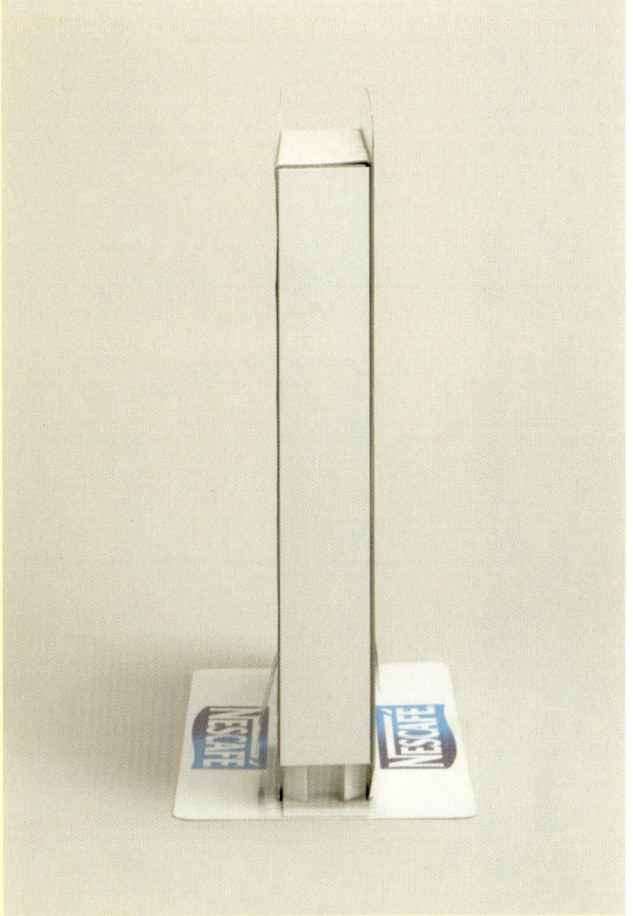

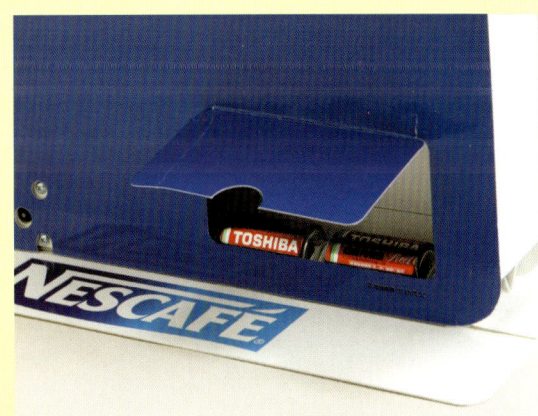
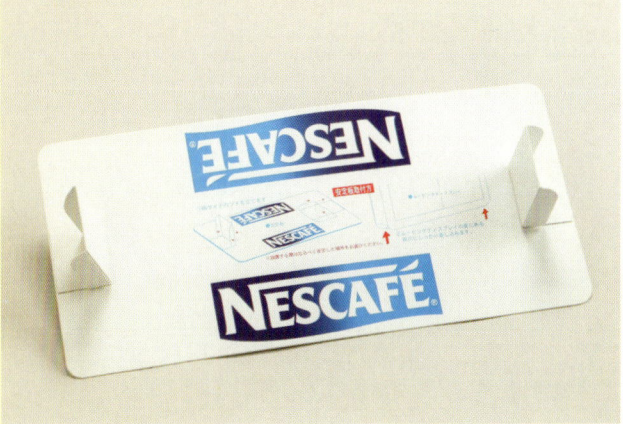

CL：日本サラ・リー
A&P：スタンダード通信社
Hanesブランドソーラームービング
MATERIAL：紙類、電子部品

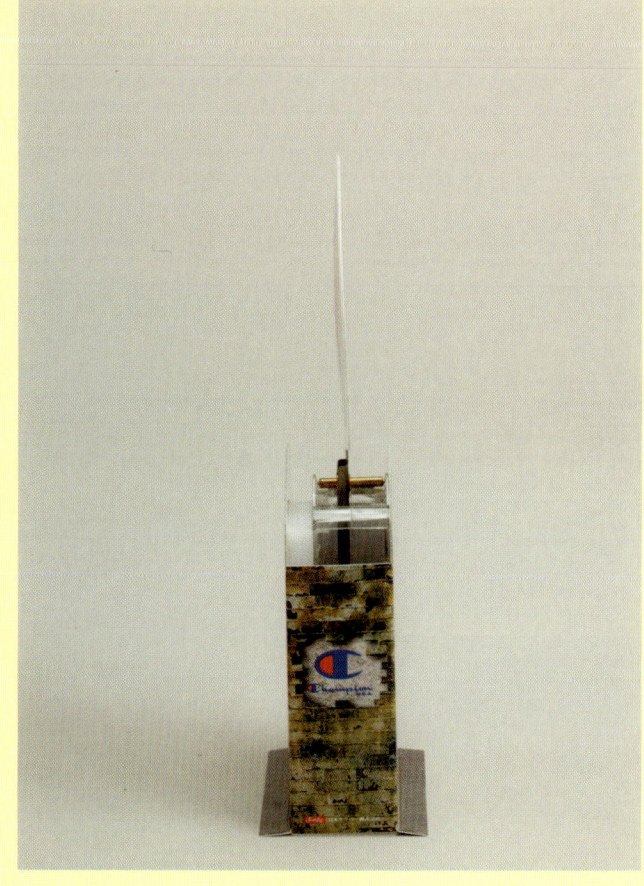
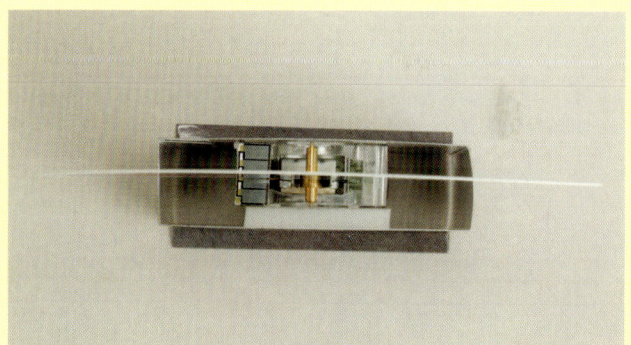

CL：日本サラ・リー
A&P：スタンダード通信社
Championブランドソーラームービング
MATERIAL：紙類、電子部品

144

CL：国際ディスプレイ工業
ソーラーフラちゃん
MATERIAL：プラスチック、紙類、電子部品
W100×H205×D40
ソーラー電池式で室内の光で動き続け、ユーモラスなフラダンスの楽しい動きに雰囲気が和らぐ既製商品のため、安価で即納

CL：国際ディスプレイ工業
MATERIAL：プラスチック、電子部品
W70×H110×D65
顔と手の2ヵ所が違った動きをする招き猫。カードを差したり、アイデアを生かし目を引くかわいいPOPが手軽にできる

P.O.P.DESIGN

CL：小林製薬
液体ブルーレット吊り下げセット
MATERIAL：紙類
W328×H833

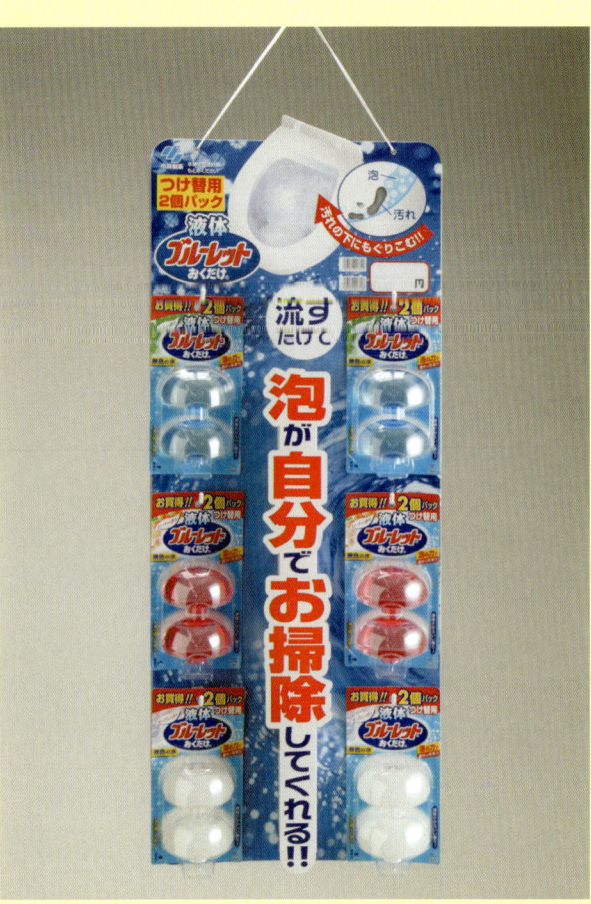
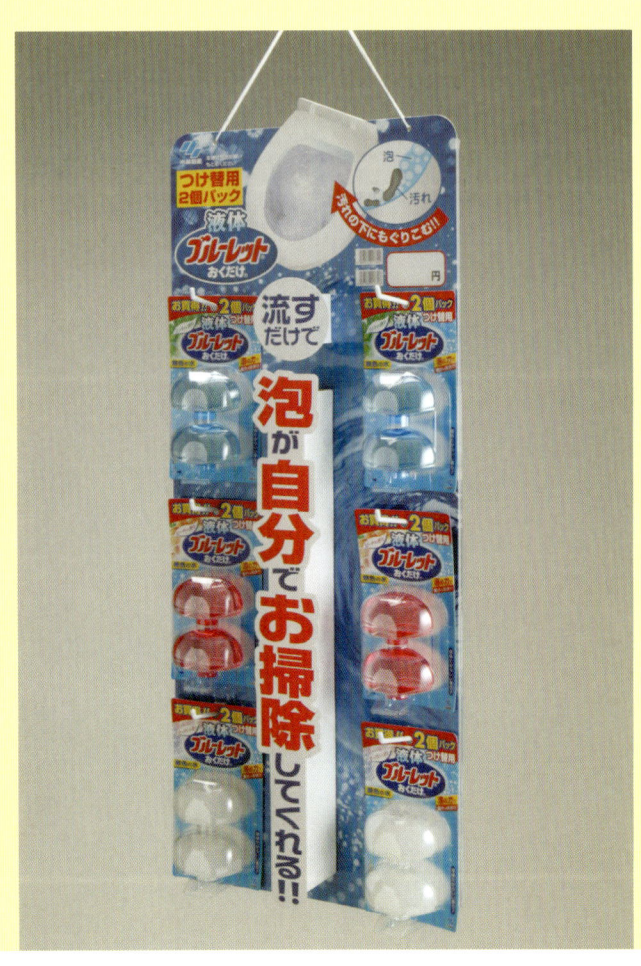
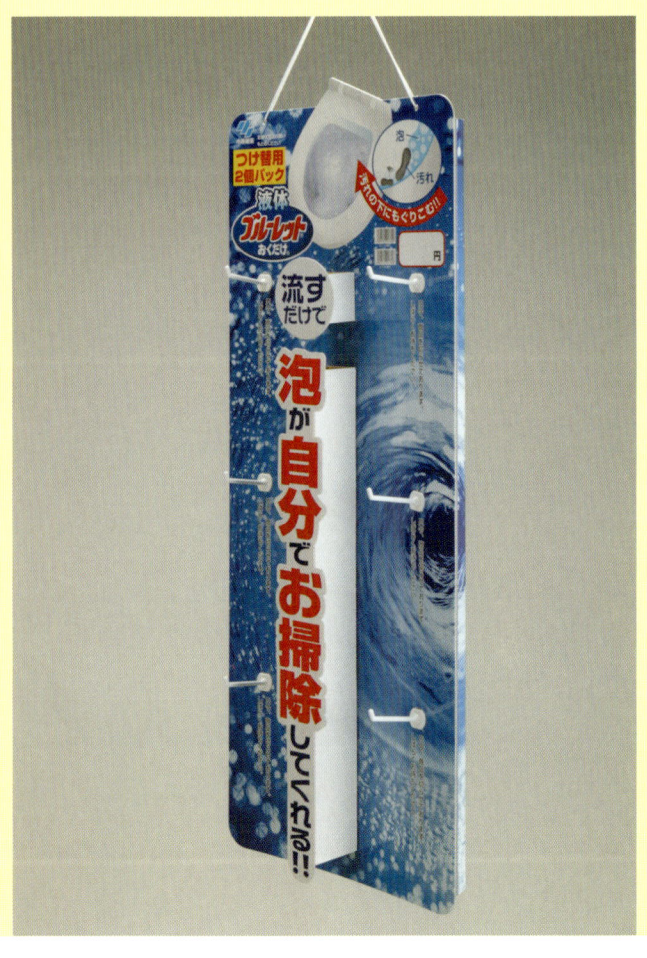

149

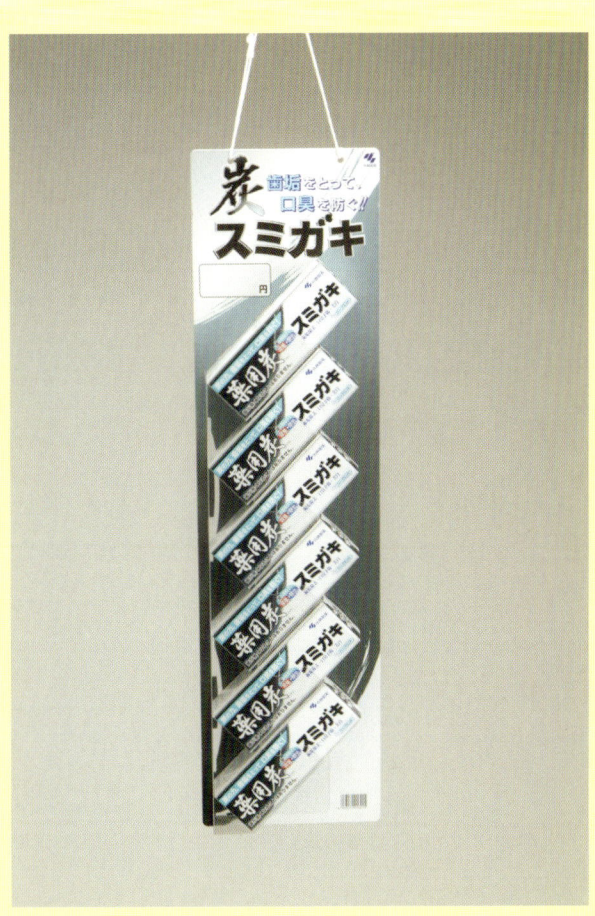

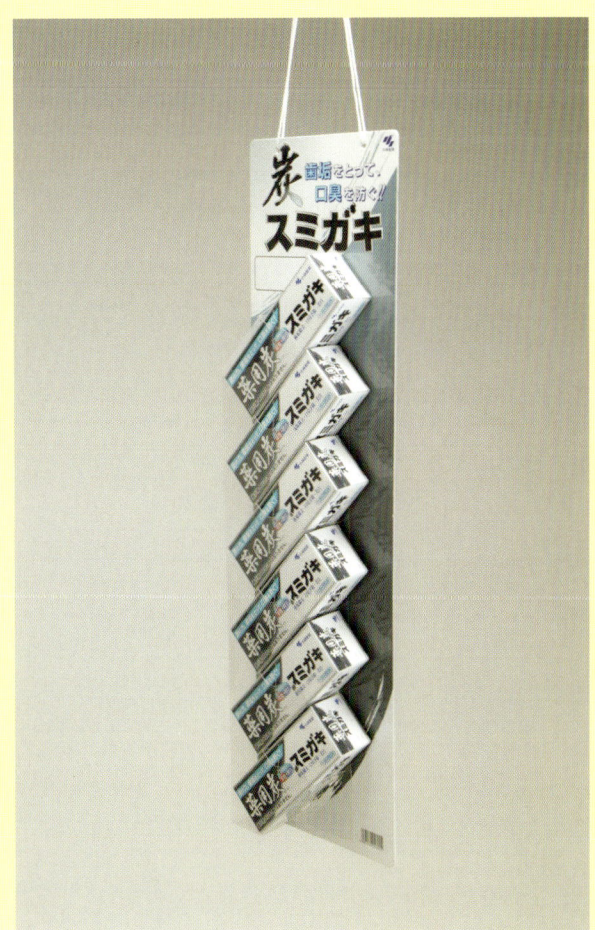

CL：小林製薬
スミガキハンガーディスプレイ
MATERIAL：ペット、紙類
W168×H603×D55

CL：大正製薬
A&P：タナカヤ
ヴィックスハンガーディスプレイ
MATERIAL：紙類
W237×H820×D117
4つの種類の製品を色ごとに分けわかりやすく、取りやすく陳列できる

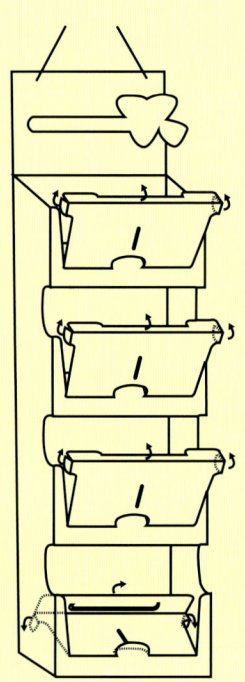
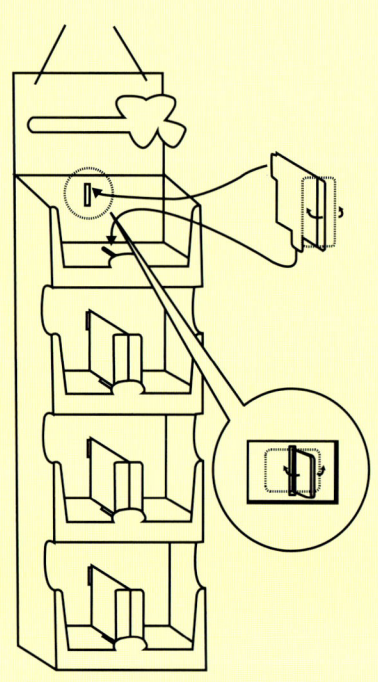

151

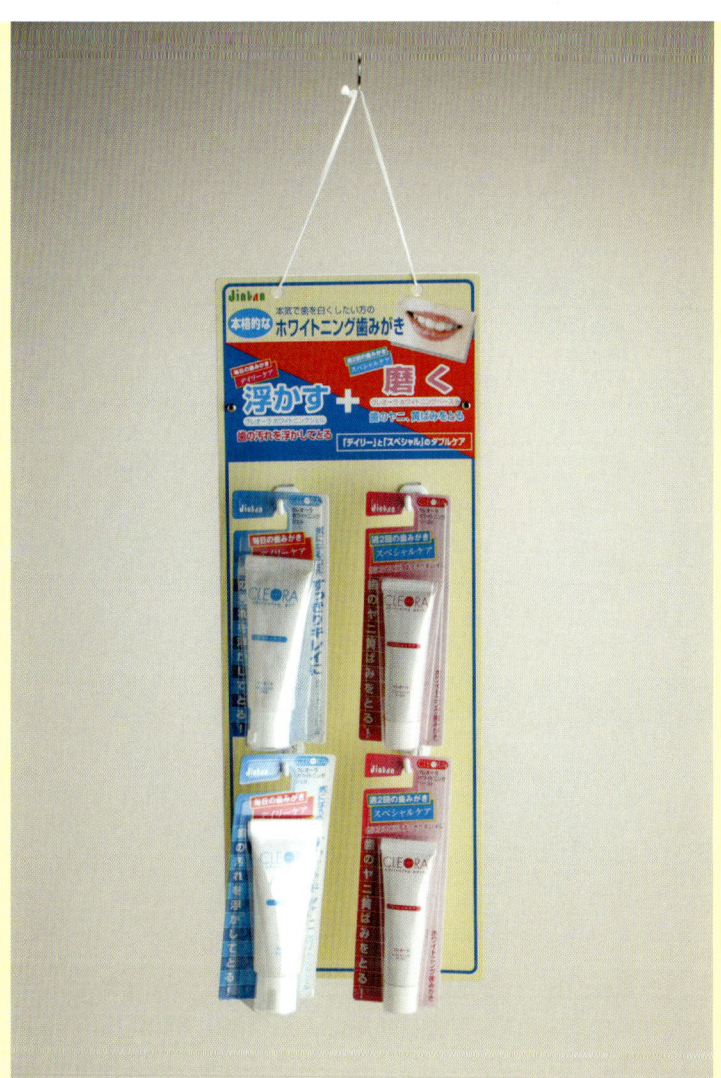
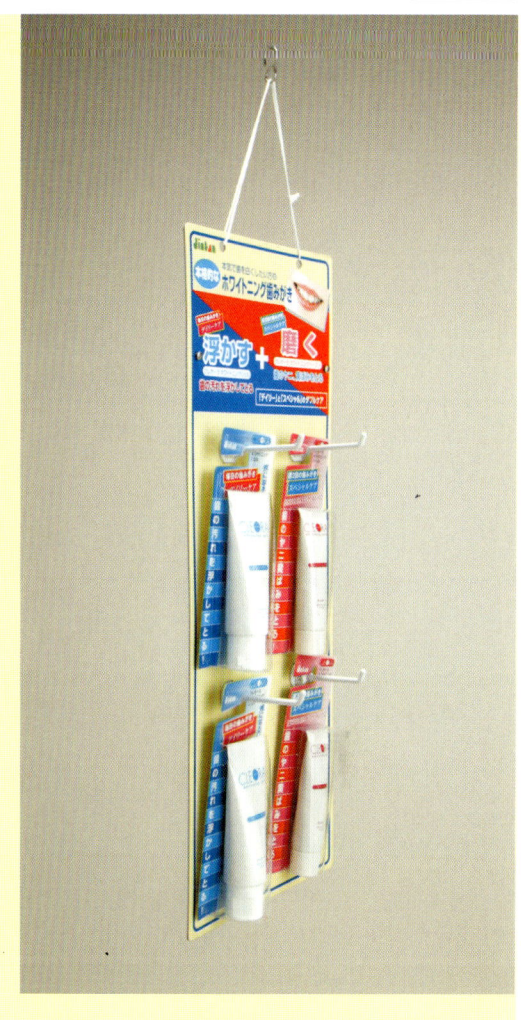
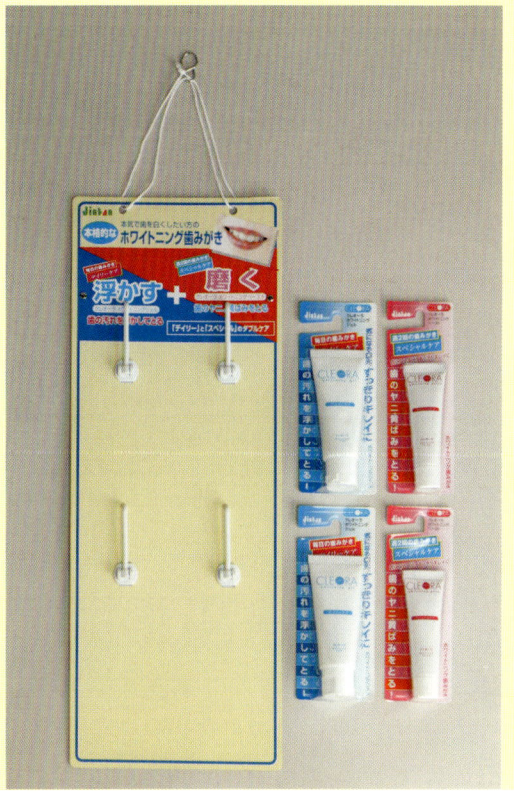

CL：森下仁丹
A&P：キャド
クレオーラホワイトニングペスト／ジェルハンガーディスプレイ
MATERIAL：プラスチック、紙類（合紙）
W190×H500×D70
美白ハミガキとしてデイリータイプとスペシャルタイプの組合せにより、歯の汚れを浮かせてしっかりとるをテーマに2種類をわかりやすく訴求している

152

CL:森下仁丹
A&P:キッド
リフレシアハンガーディスプレイ
MATERIAL:プラスチック、紙類(合紙)
W135×H368×D80
ターゲットを意識したデザインとおいしさ、口臭予防の機能性をわかりやすく訴求し、省スペースでも使いやすいハンガーディスプレイ

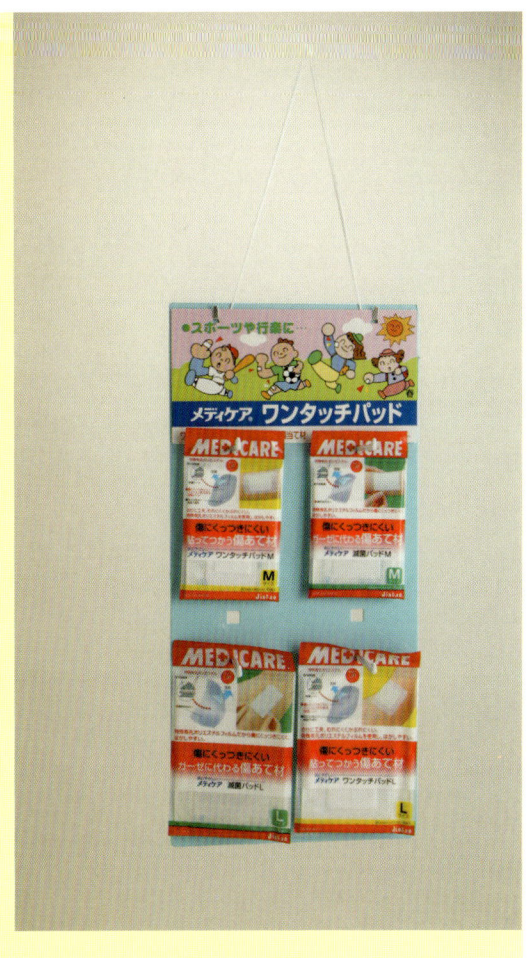

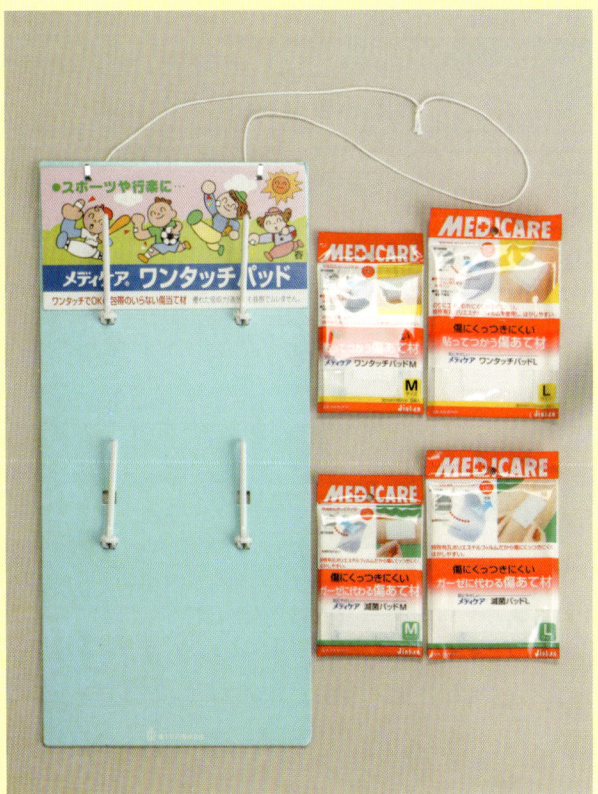

CL：森下仁丹
A&P：美工
メディケア4シーズンハンガーディスプレイ
MATERIAL：プラスチック、紙類（合紙）
W255×H538×D100
四季にあわせて使える4枚のPOPにより、幅広い品揃えを可能にした吊下台紙

CL：エスエスケイ
A&P：サンコー
グラブ指巻きPOP
MATERIAL：紙類
W280×H130×D25（組立て時）
グラブの商品の指部分に直接巻きつけることで、省スペースで店頭アピールできるもの

CL：ヨネックス
A&P：大日本印刷
「春のらけっとまつり2004」
MATERIAL：紙類
W750×H450×D10
新入学、進級で賑わうスポーツ店店頭で桜をモチーフとし、思いきり春の彩りを演出

CL：トリンプ・インターナショナル・ジャパン
A&P：博報堂
03s/s　恋するブラ　ハンガースポッター
MATERIAL：紙類

CL：トリンプ・インターナショナル・ジャパン
A&P：博報堂
MATERIAL：紙類

CL：トリンプ・インターナショナル・ジャパン
A&P：博報堂
03s/s　恋するブラ　癒し系POP
MATERIAL：紙類
什器に取付ける

CL：トリンプ・インターナショナル・ジャパン
A&P：博報堂
03　s/s　恋するブラ　ポスター
MATERIAL：紙類

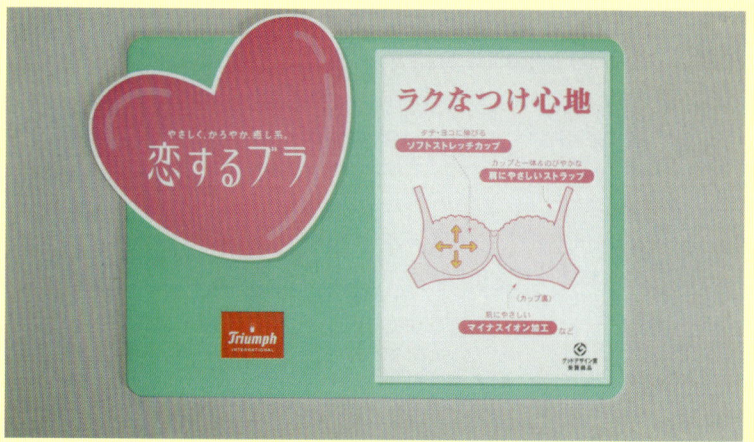

CL：トリンプ・インターナショナル・ジャパン
A&P：博報堂
03　s/s　恋するブラ　カウンターカード
MATERIAL：紙類

CL：アップリカ葛西
A&P：フォルマテックデザインスタジオ
カルッコメディカル両対面タペストリー
MATERIAL：ポリエステル（防煙加工）、塩化ビニール
W900×H1700
吊るすことができる仕様になっており、店内、壁面等様々なところで使用できる

CL：伊藤園
A&P：サカタラボステーション
お～いお茶バナー
MATERIAL：ポリエステル
W900×H1200
お～いお茶のロゴを大きく印刷した布製のPOPで、天井から吊るして販売所がどこにあるのか店内で一目でわかることができる

CL：江崎グリコ
A&P：大日本印刷
冷やしポッキーセール別下げPOP
MATERIAL：ポリエステル、紙類
W620×H655×D600
透明素材を活かし、夏に冷やして食べるクールポッキーを店頭訴求

CL：フェザー安全剃刀
A&P：ボンビ
フェザーエフシステム
MATERIAL：紙類
W260×H518×D30

CL：不二家
A&P：インターシティ
クリスマスオーナメント
MATERIAL：紙類
ツリーに着けて飾るオーナメント（お菓子入り）

CL：カプコン
A&P：ソニー・ミュージック・コミュニケーションズ
クロックタワー3
MATERIAL：紙類
腕とハンマーが左右に動く
©SUNSOFT
©CAPCOM CO.,LTD.2003 ALL RIGHTS RESERVESD.

CL：フォルクスワーゲングループジャパン
A&P：ディーディービー東急エージェンシークリエイティブ／オックスフォードインターナショナル
New BeetleCabriolet　三連ウインドウバナー
MATERIAL：プラスチック、金属、サテン布
W400×H1600×3連

CL：フォルクスワーゲングループジャパン
A&P：ディーディービー東急エージェンシークリエイティブ／オックスフォードインターナショナル
OPEN／CLOSE　プレート
MATERIAL：塩化ビニール、金属
W297×H210

CL：新潮社
A&P：大貫デザイン
新潮文庫「Yonda？CLUB」バキュウム看板
MATERIAL：スチレンボード・発泡スチロール、紙類、ピーチコート（バキュウム部分）
©Shinchosha Publishing Co./Onuki DESIGN.inc 2003 All Rights Reserved

CL：新潮社
A&P：大貫デザイン
新潮文庫「Yonda？CLUB」
©Shinchosha Publishing Co./Onuki DESIGN.inc 2003 All Rights Reserved

CL：新潮社
蒼天の拳タペストリー
MATERIAL：ポリエステル
W500×H780
©原哲夫・武論尊／Coamix／新潮社

CL：新潮社
エンジェル・ハートタペストリー
MATERIAL：塩化ビニール
W900×H780
©北条司／Coamix／新潮社

P.O.P.DESIGN

CL：オンキヨー
A&P：美工
Onkyo／Liverpool Mini Light Sign
MATERIAL：アクリル
W150×H110×D75
アクリルを3段に重ねて視覚的な美しさを出した卓上ミニライトサイン。両面にシルク印刷を入れ、リバーシブルで使用できるのと島展示の裏側からでもロゴがアピールできるようにした

CL：宝酒造
A&P：オオトエイブルズ
「ZIPANG」レインボーコースター
MATERIAL：プラスチック、アクリル他
W92×H24×D87
コースターの上に商品（焼酎「ZIPANG」）をのせることで、ボトルが次々に七色に光り輝く

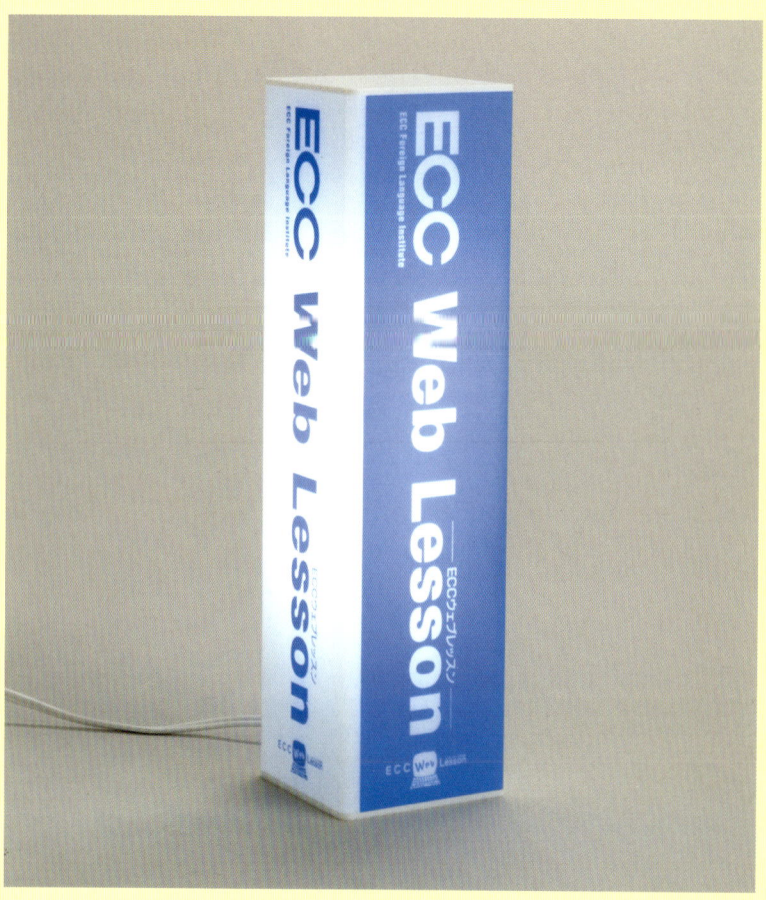

CL：ECC外語学院
A&P：イースタンマーケティングシステムズ
ウェブレッスン行灯
MATERIAL：アクリル、ガラス材
W80×H300×D80

Penny Japan Company Ltd.
A&P：ペニージャパン
W410×H290×D130

Penny Japan Company Ltd.
A&P：ペニージャパン
W380×H380×D115

Penny Japan Company Ltd.
A&P：ペニージャパン
W720×H440×D130

Penny Japan Company Ltd.
A&P：ペニージャパン
W660×H440×D130

173

Penny Japan Company Ltd.
A&P：ペニージャパン
W250×H300×D160

COCA-COLA ® and COKE ® brand products are produced for The Coca-Cola Company, owner of the trademarks COCA-COLA, COKE, the Dynamic Ribbon device, the design of the contour bottle, the design of the contour glass, the Red Disk Icon, the design of the COCA-COLA Polar Bear, the design of the COCA-COLA Seal, and the design of the COCA-COLA Santa by Penny Japan Ltd., an authorized user.

© The Coca-Cola Company.　All rights reserved.

Penny Japan Company Ltd.
A&P：ペニージャパン
W160×H250×D300

Penny Japan Company Ltd.
A&P：ペニージャパン
W250×H300×D160

Penny Japan Company Ltd.
A&P：ペニージャパン

COCA-COLA ® and COKE ® brand products are produced for The Coca-Cola Company, owner of the trademarks COCA-COLA, COKE, the Dynamic Ribbon device, the design of the contour bottle, the design of the contour glass, the Red Disk Icon, the design of the COCA-COLA Polar Bear, the design of the COCA-COLA Seal, and the design of the COCA-COLA Santa by Penny Japan Company Ltd, an authorized user.

© The Coca-Cola Company. All rights reserved.

Penny Japan Company Ltd.
A&P：ペニージャパン
W380×D115

Penny Japan Company Ltd.
A&P：ペニージャパン
W670×H670×D140

Penny Japan Company Ltd.
A&P：ペニージャパン
W370×D120

Penny Japan Company Ltd.
A&P：ペニージャパン
W240×D70

Penny Japan Company Ltd.
A&P：ペニージャパン
W330×H330×D125

Penny Japan Company Ltd.
A&P：ペニージャパン
W370×D120

Penny Japan Company Ltd.
A&P：ペニージャパン
W400H440×D235

Penny Japan Company Ltd.
A&P：ペニージャパン

Penny Japan Company Ltd.
A&P：ペニージャパン

Penny Japan Company Ltd.
A&P：ペニージャパン
W160×H250×D30

Penny Japan Company Ltd.
A&P：ペニージャパン

Penny Japan Company Ltd.
A&P：ペニージャパン

Penny Japan Company Ltd.
A&P：ペニージャパン
W200×H280×D200

COCA-COLA ® and COKE ® brand products are produced for The Coca-Cola Company,
owner of the trademarks COCA-COLA, COKE, the Dynamic Ribbon device, the design of the contour bottle,
the design of the contour glass, the Red Disk Icon, the design of the COCA-COLA Polar Bear,
the design of the COCA-COLA Seal, and the design of the COCA-COLA Santa
by Penny Japan Company Ltd, an authorized user.

© The Coca-Cola Company. All rights reserved.

Penny Japan Company Ltd.
A&P：ペニージャパン
W790×H280×D180

Penny Japan Company Ltd.
A&P：ペニージャパン
W750×H460×D110

Penny Japan Company Ltd.
A&P：ペニージャパン
W120×H215×D120

COCA-COLA ® and COKE ® brand products are produced for The Coca-Cola Company, owner of the trademarks COCA-COLA, COKE, the Dynamic Ribbon device, the design of the contour bottle, the design of the contour glass, the Red Disk Icon, the design of the COCA-COLA Polar Bear, the design of the COCA-COLA Seal, and the design of the COCA-COLA Santa by Penny Japan Company Ltd., an authorized user.

© The Coca-Cola Company. All rights reserved.

P.O.P.DESIGN

CL：セイワ
MATERIAL：スチレンボード・発泡スチロール
W900×H300×D5
©1976.2003 SANRIO APPROVAL NO.S4082512

A&P：ミドリ
ウェディングペーパーアイテムPOP
MATERIAL：スチレンボード・発泡スチロール
W837×H348×D5
お客様が使用しイメージを持ちやすいよう、印字したサンプルを貼り込み

CL：ハドソン
A&P：インターシティ
ボンバーマンジェネレーション
MATERIAL：紙類
顔面がわん曲して飛び出した貼付型
©2002 HUDSON SOFT

CL：ハドソン
A&P：インターシティ
ボンバーマンジェネレーション
MATERIAL：紙類
簡単な貼付けタイプ
©2002 HUDSON SOFT

CL：ハドソン
A&P：インターシティ
ボンバーマンジェネレーション
MATERIAL：紙類
簡単で立体的な三層構造
©2002 HUDSON SOFT

CL：新潮社
蒼天の拳、エンジェルハート用色紙展示台
MATERIAL：紙類
W90×H1500×D90
©原哲夫・武論尊／北条司／Coamix／新潮社

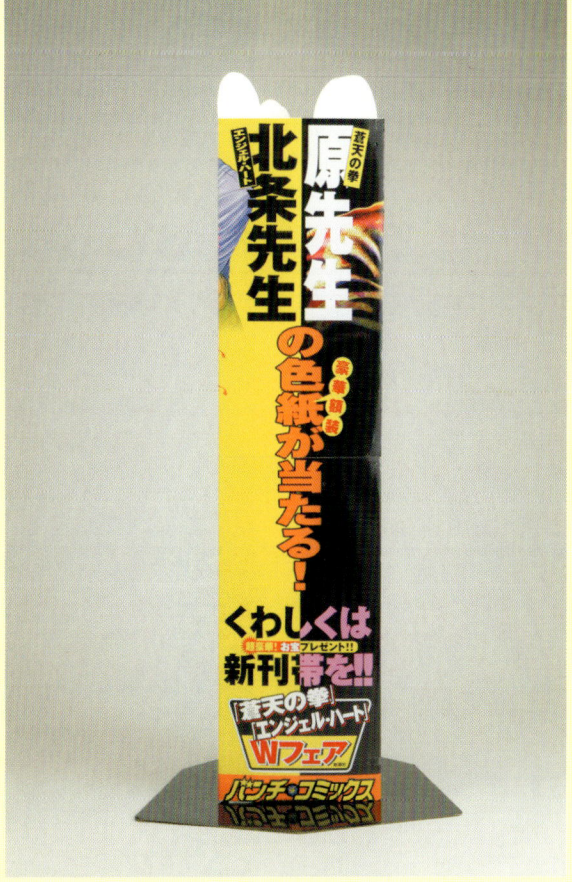

188

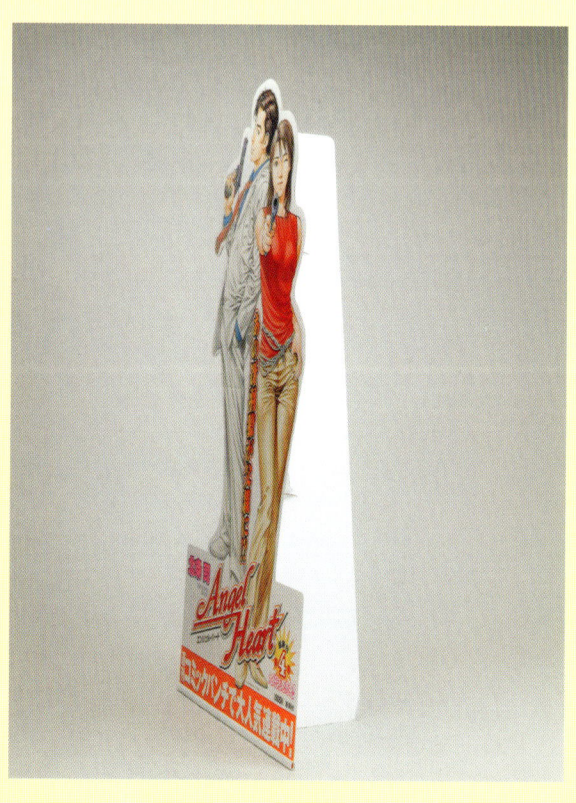

CL：新潮社
エンジェル・ハート等身大ボディカット
MATERIAL：塩化ビニール、紙類
W900×H1550
©北条司／Coamix／新潮社

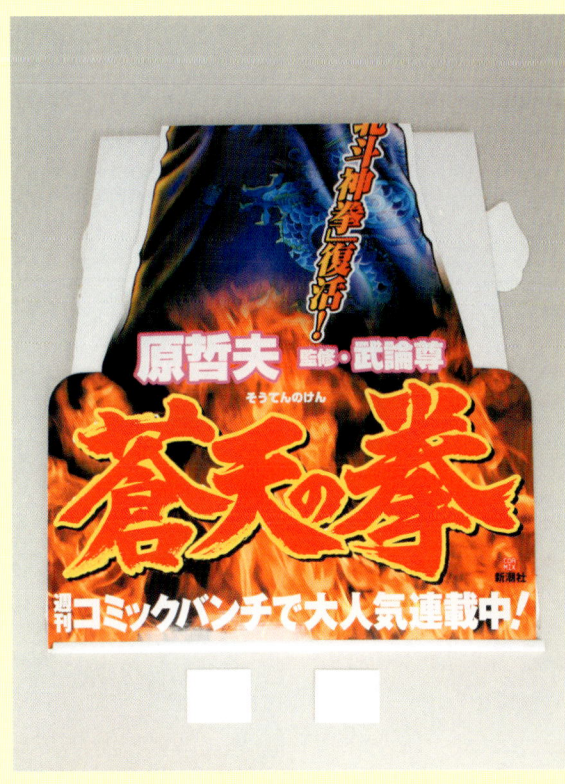

CL：新潮社
蒼天の拳等身大ボディカット
MATERIAL：塩化ビニール
W900×H1600
©原哲夫・武論尊／Coamix／新潮社

CL：角川書店
トラベルウォーカータビトスイング
MATERIAL：紙類
W210×H270

CL：角川書店
コララインとボタンの魔女
MATERIAL：紙類
W115×H178

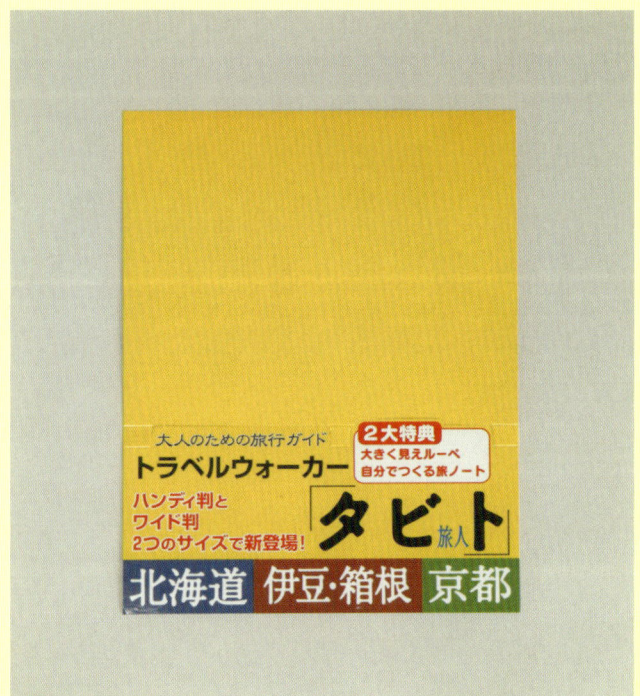

CL：角川書店
トラベルウォーカータビト
MATERIAL：紙類
W84×H266

191

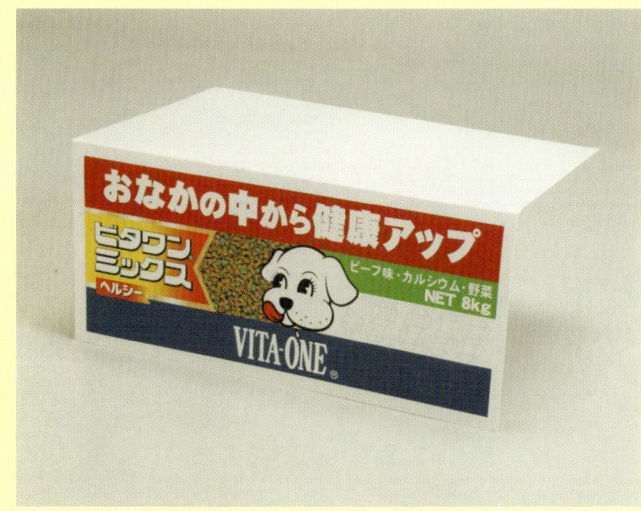

CL：日本ペットフード
A&P：リンクス
ポップ
MATERIAL：紙類
W350×H16×D25

CL：日本ペットフード
A&P：リンクス
フロアシール
W600×H400

CL：日本ペットフード
A&P：リンクス
スイングPOP
MATERIAL：紙類
W90×H88×D18

CL：日本ペットフード
A&P：リンクス
スイングPOP
MATERIAL：紙類
W85×H88×D18

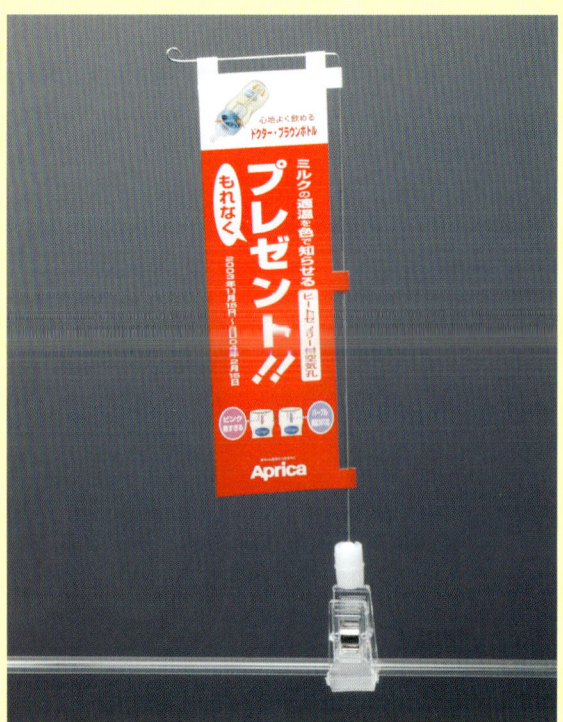

CL：アップリカ葛西
A&P：フォルマテックデザインスタジオ
ドクター・ブラウンボトルキャンペーンスウィングPOP
MATERIAL：紙類
W70×H260
キャンペーン告知のためのPOP。哺乳びんの形でインパクトをつけ、どこにでも両面テープで付けられるタイプPOP

CL：アップリカ葛西
A&P：フォルマテックデザインスタジオ
ドクター・ブラウンボトルキャンペーンのぼり型POP
MATERIAL：紙類
W60×H230
キャンペーン告知のためのPOP。プライスレールにクリップでとめられ、通路のどこからでも見えるよう工夫している

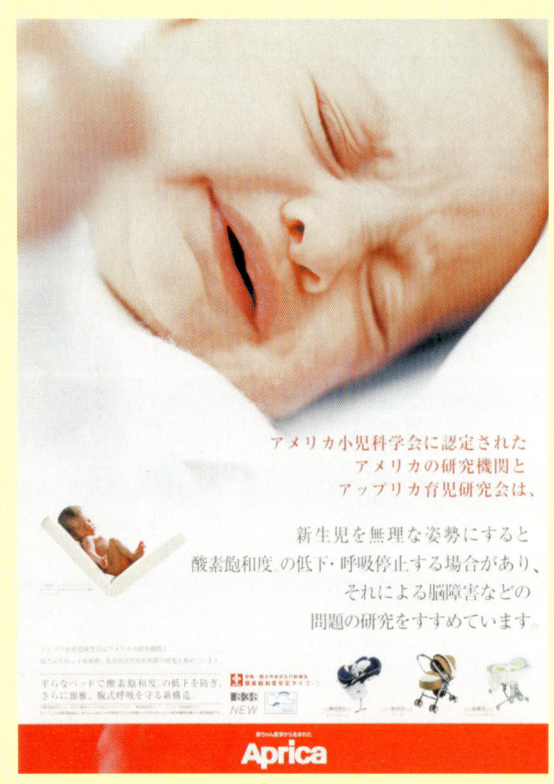

CL：アップリカ
A&P：キンダック
マモールSp02シリーズ製品（チャイルドシート、ベビーカー、ハイローベッド＆チェア）のポスター
MATERIAL：紙類
W405×H550

CL：月桂冠
A&P：和多田印刷
テーブルテント
MATERIAL：紙類
W91×H125×D60
飲食店のテーブルに置いて使用

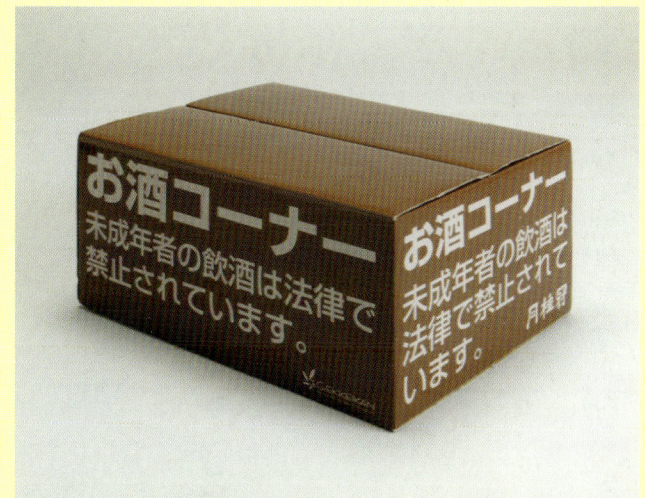

CL：月桂冠
A&P：大長紙器工業所
酒販売告知BOX
MATERIAL：紙類
W400×H200×D300
2003年9月1日施行酒販売告知の業務（「未成年の飲酒防止に関する表示基準」の改正）に対応するPOP

CL：小林製薬
消臭レンジャーバルーンセット
MATERIAL：軟質ビニール
W300×H450×D150

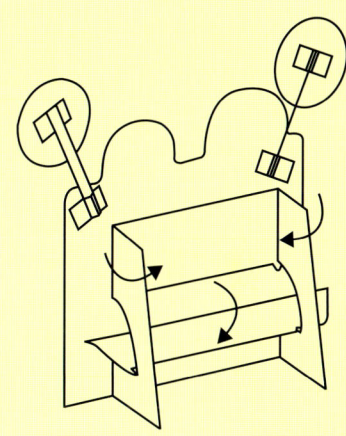

CL：メニコン
A&P：電通中部支社
WキャストPOP
MATERIAL：紙類
W340×H200×D70

CL：メニコン
A&P：クリエート
ミニパンチングPOP
MATERIAL：ポリプロピレン
W80×H190×D70
だるま風POP

CL：セイワ
MATERIAL：紙類0
W250×H600×D59
本体が貼付いているので、光り方が買う前に実際に確認できる

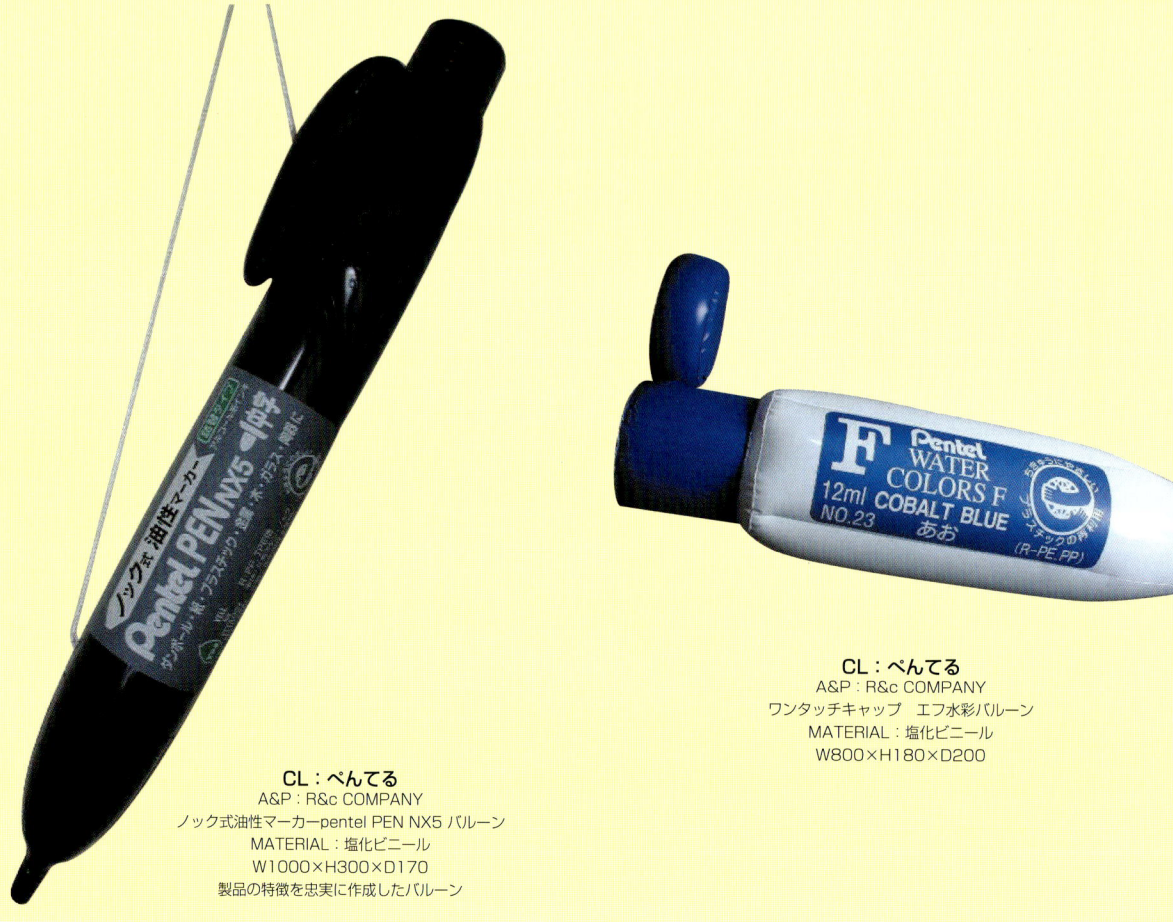

CL：ぺんてる
A&P：R&c COMPANY
ノック式油性マーカーpentel PEN NX5 バルーン
MATERIAL：塩化ビニール
W1000×H300×D170
製品の特徴を忠実に作成したバルーン

CL：ぺんてる
A&P：R&c COMPANY
ワンタッチキャップ エフ水彩バルーン
MATERIAL：塩化ビニール
W800×H180×D200

Penny Japan Company Ltd.
A&P：ペニージャパン

Penny Japan Company Ltd.
A&P：ペニージャパン

Penny Japan Company Ltd.
A&P：ペニージャパン
W925×H280×D130

Penny Japan Company Ltd.
A&P：ペニージャパン
W315×H215

COCA-COLA ® and COKE ® brand products are produced for The Coca-Cola Company, owner of the trademarks COCA-COLA, COKE, the Dynamic Ribbon device, the design of the contour bottle, the design of the contour glass, the Red Disk Icon, the design of the COCA-COLA Polar Bear, the design of the COCA-COLA Seal, and the design of the COCA-COLA Santa by Penny Japan Company Ltd., an authorized user.

© The Coca-Cola Company. All rights reserved.

Penny Japan Company Ltd.
A&P：ペニージャパン
φ285

COCA-COLA ® and COKE ® brand products are produced for The Coca-Cola Company,
owner of the trademarks COCA-COLA, COKE, the Dynamic Ribbon device, the design of the contour bottle,
the design of the contour glass, the Red Disk Icon, the design of the COCA-COLA Polar Bear,
the design of the COCA-COLA Seal, and the design of the COCA-COLA Santa
by Penny Japan Company Ltd, an authorized user.
Ⓒ The Coca-Cola Company.　All rights reserved.

Penny Japan Company Ltd.
A&P：ペニージャパン
W750×H450×D450
W350×H290

Penny Japan Company Ltd.
A&P：ペニージャパン

Penny Japan Company Ltd.
A&P：ペニージャパン
W430×H230×D2

Penny Japan Company Ltd.
A&P：ペニージャパン
W430×H320×D2

Penny Japan Company Ltd
A&P：ペニージャパン
W450×H745

Penny Japan Company Ltd.
A&P：ペニージャパン
W350×H290

Penny Japan Company Ltd.
A&P：ペニージャパン
φ290

Penny Japan Company Ltd.
A&P：ペニージャパン
W460×H160

Penny Japan Company Ltd.
A&P：ペニージャパン
W650×H450

P.O.P.DESIGN

5

INDEX

アイブラネット
〒107-0062
東京都港区南青山1-1-1新青山ビル西館

アイポイント
TEL：03-5421-2955
FAX：03-5421-2935

アップリカ葛西
〒542-0082
大阪府大阪市中央区島之内1-13-13
TEL：06-6245-2571
FAX：06-6245-3109

アディダスジャパン　トレードサービス
〒162-0805
東京都新宿区矢来町77
TEL：03-5228-8510
FAX：03-5228-8500

アートピア
〒104-0061
東京都中央区銀座1-18-2タツビル5階
TEL：03-3535-3508
FAX：03-3535-3509

アルパイン
〒141-8501
東京都品川区西五反田1-1-8
TEL：03-3494-1101
FAX：03-3494-1109

アルビオン　エレガンス事業部
〒104-0061
東京都中央区銀座1-7-10
TEL：03-3538-7713
FAX：03-3538-7672

B&c COMPANY
香港沙田安平街6号虎　新貿中心B座11字樓5室

アンブリッシュデザインワークス
〒224-0003
神奈川県横浜市都筑区中川中央1-19-20プライムシティ303
TEL：045-911-9042
FAX：045-911-9042

ECC外語学院
〒160-0023
東京都新宿区西新宿7-11-10
TEL：03-5330-1591
FAX：03-5330-1658

五十嵐製箱
〒130-0004
東京都墨田区本所1-1-2
TEL：03-3624-2531
FAX：03-3625-6152

イースタンマーケティングシステムズ
〒101-0047
東京都千代田区内神田2-16-9
TEL：03-3254-4151
FAX：03-3254-4014

インターシティ
〒104-0061
東京都中央区銀座1-21-15第一長銀ビル5階
TEL：03-5524-1103
FAX：03-5524-1104

伊藤園
〒151-8550
東京都渋谷区本町3-47-10
TEL：03-5371-7111
FAX：03-5371-7174

江崎グリコ
〒555-0002
大阪府大阪市西淀川区歌島4-6-5
TEL：06-6477-8351

エスエスケイ
〒542-8585
大阪府大阪市中央区上本町西1-2-19
TEL：06-6768-1061
FAX：06-6768-7745

SPプランニング
〒541-0045
大阪府大阪市中央区修道町4-4-10
TEL：06-6231-3782
FAX：06-6231-3811

エレクトロニックアートギャラリー
Forumstrasse6,41468 Neuss,Germany
TEL：49（0）2131-35917-0
FAX：49（0）2131-35917-11

大塚食品
〒101-0053
東京都千代田区神田美土代町3泉国際産業ビル6階
TEL：03-3295-0700

オオトエイブルズ
〒569-1022
大阪府高槻市日吉台3-6-5
TEL：0726-88-6479
FAX：0726-88-5577

オックスフォードインターナショナル
〒101-0061
東京都千代田区三崎町2-7-10-3F
TEL：03-3221-9801
FAX：03-3221-9805

大貫デザイン
〒150-0001
東京都渋谷区神宮前2-31-7ビラ・グロリア502
TEL：03-3478-7461
FAX：03-3478-7462

オンキヨー
〒572-0011
大阪府寝屋川市日新町2-1
TEL：072-831-8000
FAX：072-833-5222

角川書店
〒102-8177
東京都千代田区富士見2-13-3
TEL：03-3238-8411
FAX：03-3262-7734

CAMPER
〒150-0001
東京都渋谷区神宮前6-3-9
TEL：03-5778-2688
FAX：03-3400-2801

CAMPER
POLIGONO INDUSTRIAL SIN,07300,INCA,MALLORCA,SPAiN
34-971507-000

キッド
〒543-0012
大阪府大阪市天王寺区空堀町9-25
TEL：06-6761-3900
FAX：06-6761-7319

桐灰化学
〒532-0033

大阪市淀川区新高1-10-5
TEL：06-6392-0331

キンダック
〒541-0051
大阪府大阪市中央区備後町15-2
TEL：06-6205-8868
FAX：06-6205-8869

クリエート
〒460-0002
愛知県名古屋市中区丸の内2-10-19市川ビル2階
TEL：052-204-1221
FAX：052-204-1227

月桂冠
〒612-0660
京都府京都市伏見区南浜町247
TEL：075-623-2001
FAX：075-623-2048

広美
〒104-0045
東京都中央区築地3-9-9ランディック永井6〜7階
TEL：03-3545-5051
FAX：03-3545-5368

小林製薬
〒541-0045
大阪府大阪市中央区修道町4-3-6
TEL：06-6203-3625

合同酒精　営業推進グループ
〒104-8162
東京都中央区銀座6-2-10
TEL：03-3575-2733

国際ディスプレイ工業
〒113-0023
東京都文京区向丘2-15-5
TEL：03-3828-2286
FAX：03-3828-2288

コモンズ
〒160-0002
東京都新宿区坂町26
TEL：03-5366-1930
FAX：03-3354-4301

サカタラボステーション
〒107-0052
東京都港区赤坂2-14-11
TEL：03-3585-9621
FAX：03-3582-0558

佐藤製薬
〒107-0051
東京都港区元赤坂1-5-27
TEL：03-5412-7310
FAX：03-5412-7330

サナ
〒106-6031
東京都港区六本木1-6-1泉ガーデンタワー31F
TEL：03-5561-6723
FAX：03-5561-8641

サンアイタスク
〒105-0003
東京都港区西新橋3-8-1第2鈴丸ビル2階
TEL：03-3432-2680
FAX：03-3432-2687

サンコー
〒540-0004

大阪府大阪市中央区玉造1-23-3
TEL：06-6763-4981
FAX：06-6763-3301

サンマルコジャパン
〒160-0023
東京都新宿区西新宿5-1-15新宿オザワビル1階
TEL：03-3374-0591
FAX：03-3374-4941

サンリーブ
〒916-8558
福井県鯖江市杉本町15-22
TEL：0778-52-0111
FAX：0778-52-0121

ジョイトップ
TEL：03-3496-9926
FAX：03-3496-9927

シルエット
〒113-0034
東京都文京区湯島3-45-11
TEL：03-3836-0242
FAX：03-3832-4833

ジレットジャパン
〒220-6013
神奈川県横浜市西区みなとみらい2-3-1
TEL：045-680-3742
FAX：045-680-3817

新潮社
〒162-8711
東京都新宿区矢来町71
TEL：03-3266-5555
FAX：03-3266-5210

菅屋
〒111-0055
東京都台東区三筋1-2-9
TEL：03-3863-0911
FAX：03-3865-1675

スタンダード通信社
〒150-0012
東京都渋谷区広尾5-6-6広尾プラザ6F
TEL：03-5475-8553

ステップ・ワン
〒104-0033
東京都中央区新川1-13-2-1203
TEL：03-3555-2772
FAX：03-3555-2771

セイワ
〒134-0092
東京都江戸川区一之江町3000
TEL：03-3877-5546
FAX：03-3877-5552

ゼブラ
〒162-8562
東京都新宿区東五軒町2-9
TEL：03-3268-1181
FAX：03-3268-1590

千修
〒102-0073
東京都千代田区九段北4-2-4
TEL：03-3230-7705
FAX：03-3264-0122

大正製薬
〒170-8633

東京都豊島区高田3-24-1
TEL：03-3988-1111

大伸社
〒537-0001
大阪府大阪市東成区深江北2-14-1
TEL：06-6976-5550
FAX：06-6976-8770

大日本印刷
〒162-8001
東京都新宿区市ケ谷加賀町1-1-1
TEL：03-5225-5612
FAX：03-3266-4094

大日本印刷
〒162-0846
東京都新宿区市ケ谷左内町31
TEL：03-3266-2877
FAX：03-3266-2798

大日本印刷
〒530-8208
大阪府大阪市北区堂島浜2-2-28

大日本印刷　商印事業部
東京都新宿区榎木町7
TEL：03-5261-6963
FAX：03-5261-6319

ティスプランニング
〒470-0116
愛知県日進市東山6-510
TEL：0561-73-8383
FAX：0561-73-5603

TDKデザイン
〒103-0027
東京都中央区日本橋1-15-1パーカービル4階
TEL：03-3278-2911
FAX：03-3278-2918

TDKマーケティング
〒101-0021
東京都千代田区外神田6-15-9
TEL：03-5816-8906
FAX：03-5816-8911

ディーディービー東急エージェンシークリエイティブ
〒150-0012
東京都渋谷区広尾5-6-6広尾プラザ9階
TEL：03-5791-1020
FAX：03-5791-1021

TBWA　JAPAN
〒104-8167
東京都中央区銀座6-17-2
TEL：03-3545-7036
FAX：03-3545-7800

宝酒造
〒600-8688
京都府京都市下京区四条通烏丸東入
TEL：075-241-5110
FAX：075-211-6385

ダスキン　ミスタードーナツ事業部
〒564-0054
大阪府吹田市芳野町5-32
TEL：0120-112-020
FAX：06-6821-5386

デサント
〒543-8921
大阪府大阪市天王寺区堂ケ芝1-11-3
TEL：06-6774-0358
FAX：06-6779-0453

タナカヤ
〒600-8434
京都府京都市下京区高辻町通新町西入堀の内町277
TEL：075-361-2000

タナカヤ
〒141-0031
東京都品川区西五反田7-22-17
TEL：03-3490-8882
FAX：03-3490-1699

電通EYE
〒104-0061
東京都中央区銀座6-5-1
03-3574-1214
03-3574-7102

電通
〒105-0004
東京都港区東新橋1-8-1

電通中部支社
〒460-8445
愛知県名古屋市中区栄4-16-36
TEL：052-263-8101
FAX：052-252-6562

電通ヤング・アンド・ルビカム
〒100-6209
東京都千代田区丸ノ内1-11-1PCP丸ノ内9階
TEL：03-5219-9308
FAX：03-5219-9551

ドゥ・プランニングデパート
〒164-0011
東京都中野区中央4-8-3
TEL：03-3380-9351
FAX：03-3384-4625

トーイン
〒136-0071
東京都江東区亀戸1-4-2
TEL：03-5627-9159
FAX：03-3638-1132

東陶機器
〒802-8601
福岡県北九州市小倉北区中島2-1-1
TEL：03-5451-1103
FAX：03-5451-1096

トスマック
〒110-0015
東京都台東区東上野4-12-1KTビル5階
TEL：03-3843-0975
FAX：03-3842-9691

凸版印刷
〒112-8531
東京都文京区水道1-3-3
TEL：03-5840-3192

トリンプ・インターナショナル・ジャパン
〒143-6555
東京都大田区平和島6-1-1東京流通センタービル10階
TEL：03-5493-7700
FAX：03-5493-7767

ナイガイ
〒101-8511
東京都千代田区内神田1-13-5
TEL：03-3293-1789
FAX：03-3293-6135

ナムコ
〒222-0001
神奈川県横浜市神奈川区新浦島町1-1-32ニューステージ横浜
TEL：045-461-6079
FAX：045-461-6199

ニットー
〒151-0063
東京都渋谷区富ケ谷1-5-1
TEL：03-3469-2749
FAX：03-3469-2148

日本サラ・リー
〒160-0016
東京都新宿区信濃町35信濃町煉瓦館3F
TEL：03-5361-2800

日本ペットフード
〒103-0028
東京都中央区八重洲1-4-21共同ビル9階
TEL：03-3274-0821
FAX：03-3281-8724

ネスレ日本
〒651-0087
神戸市中央区御幸通7-1-15ネスレハウス
TEL：078-230-7126
FAX：078-230-7162

ノムラデュオウエスト
〒581-0066
大阪府八尾市北亀井町1-3-16
TEL：0729-95-3331
FAX：0729-95-3330

博報堂
〒108-0023
東京都港区芝浦3-4-1グランパークタワー
TEL：03-5446-4138
FAX：03-5446-4536

パッションN.Y.ディヴィジョン
〒102-8370
東京都千代田区四番町6-11
TEL：03-3262-3450
FAX：03-3262-3249

日立製作所
〒105-8430
東京都港区西新橋2-15-12
TEL：03-3502-2111
FAX：03-3506-1602

ビーエーエスエフアグロ
〒106-0032
東京都港区六本木1-4-30

美工
〒550-0011
大阪府大阪市西区阿波座1-10-6
TEL：06-6532-5041
FAX：06-6532-0386

ピジョン
〒101-0043
東京都千代田区神田富山町5-1
TEL：03-3252-4134
FAX：03-3252-4025

フェザー安全剃刀
〒531-0075
大阪府大阪市北区大淀南3-3-70
TEL：06-6458-1631
FAX：06-6458-6455

フォルクスワーゲングループジャパン
〒107-6031
東京都港区赤坂1-12-32アーク森ビル31階
TEL：03-5575-7345
FAX：03-5575-7367

フォルマテックデザインスタジオ
〒550-0014
大阪府大阪市西区北堀江1-5-2四ツ橋新興産ビル20A
TEL：06-6538-1708
FAX：06-6538-1709

富士通パーソナルズ
〒101-8551
東京都千代田区神田須田町2-6-6
TEL：03-5256-9607
FAX：03-5256-9805

ブライトリング・ジャパン
〒105-0011
東京都港区芝公園2-2-22-5F
TEL：03-3436-0011
FAX：03-3436-0012

ブリヂストンサイクル
〒362-8520
埼玉県上尾市中妻3-1-1
TEL：048-772-5213
FAX：048-772-5220

プロスパーグラフ
〒162-0818
東京都新宿区築地町13赤城ビル4階
TEL：03-5228-7052
FAX：03-5228-7053

ベニージャパン
〒152-0031
東京都目黒区中根2-7-21
TEL：03-3718-0100
FAX：03-3718-0120

ぺんてる
〒103-8538
東京都中央区日本橋小網町7-2
TEL：03-3667-3333
FAX：03-5695-7218

ボルボ・カーズ・ジャパン
〒105-0001
東京都港区虎ノ門4-3-13秀和神谷町ビル11階
TEL：03-5404-8616
FAX：03-5404-8630

本田技研工業
〒107-8556
東京都港区南青山2-1-1

ホンダコムテック
〒107-0061
東京都港区北青山1-2-3青山ビル9階
TEL：03-3423-2673

ボンビ
〒583-0886
大阪府羽曳野市恵我之荘3-1-1
TEL：0729-55-4685
FAX：0729-38-7577

松下電器産業
〒140-8587
東京都品川区東品川4-12-4パナソニックタワー22階
TEL：03-6710-3304
FAX：03-6710-3879

三菱鉛筆
〒140-8537
東京都品川区東大井5-23-37
TEL：03-3458-6273
FAX：03-3471-0726

ミドリ
〒130-8700
東京都墨田区太平4-19-8
TEL : 03-3626-4022
FAX : 03-3626-4042

無限デザインスタジオ
〒104-0061
東京都中央区銀座1-14-10
TEL : 03-3563-3424
FAX : 03-3563-3425

明祥印刷
〒104-0033
東京都中央区新川1-11-10
TEL : 03-3552-5678
FAX : 03-3555-0059

メニコン
〒460-0006
愛知県名古屋市中区葵3-21-19
TEL : 052-935-1515
FAX : 052-935-1836

森下仁丹
〒540-8566
大阪市中央区玉造1-1-30
TEL : 06-6761-1131
FAX : 06-6768-1661

TEL : 03-5414-8123
FAX : 03-5414-9121

和光堂
〒101-0048
東京都千代田区神田司町2-14-3
TEL : 03-5296-6822
FAX : 03-5296-6827

ヨネックス
〒113-8543
東京都文京区湯島3-23-13
TEL : 03-3236-1221
FAX : 03-3836-5070

リーガルコーポレーション
〒120-8553
東京都足立区千住橋戸町2
TEL : 03-4555-5010
FAX : 03-4555-5902

リンクス
〒150-0002
東京都渋谷区渋谷3-6-2第2矢木ビル4階
TEL : 03-5766-6188
FAX : 03-5766-6128

レマン
〒150-0002
東京都渋谷区渋谷1-19-25
TEL : 03-3407-1622
FAX : 03-3407-1019

ロッテ商事
〒160-0023
東京都新宿区西新宿3-20-1
TEL : 03-3375-1211

WOWOW
〒107-8080
東京都港区元赤坂1-5-8

P.O.P.DESIGN5

発行日	2004年12月20日

発行人	和田光太郎	
撮影	スカイフォト株式会社	
発行元	株式会社　エージー出版	
	〒160-0004　東京都新宿区四谷4-13-6-2A	
	TEL 03-5269-6801　FAX 03-5269-6810	
発売元	株式会社　オーク出版サービス	
	〒101-0051　東京都千代田区神田神保町3-11-1	
	TEL 03-3236-2535　FAX 0489-56-9071	

©2004 A.G. Publishers.inc
Printed in CHINA
ISBN 4-900781-46-0 C3070

●定価はカバーに表示してあります。落丁・乱丁はお取り換えいたします。
●本書の内容の無断複写、転載を禁じます。